AI 범죄와 자기 방어

AI문고

인공지능 시대입니다. 기계가 인간의 인지를 대신하고, 사물이 인간을 통하지 않고 다른 사물과 직접 커뮤니케이션합니다. 이에 따른 인간 삶과 문명 변화를 정확히 이해·예측·대응하는 것은 이 시대 우리 모두의 과제입니다. AI문고는 인공지능 기술과 환경의 여러 주제를 10가지 키워드로 정리합니다. 관련 개념과 이론, 학계와 산업계의 쟁점, 우리 일상의 변화를 다룹니다. 인간과 기술의 현재, 미래를 세심히 분석합니다.

일러두기

- 인명, 작품명, 저서명, 개념어 등은 한글과 함께 괄호 안에 해당 국가의 원어를 병기했습니다.
- 외래어 표기는 현행 어문규정의 외래어표기법을 따랐습니다.

처음이세요?

전문가세요?

AI 범죄와 자기 방어

안상선

대한민국, 서울, 커뮤니케이션북스, 2025

AI 범죄와 자기 방어

지은이 안상선
펴낸이 박영률

초판 1쇄 펴낸날 2025년 10월 10일

커뮤니케이션북스(주)
출판 등록 2007년 8월 17일 제313-2007-000166호
02880 서울시 성북구 성북로 5-11
전화(02) 7474 001, 팩스(02) 736 5047
commbooks@commbooks.com
www.commbooks.com

ISBN 979-11-430-0903-6 03500

책값은 뒤표지에 표시되어 있습니다.

차례

악용되는 AI와 사이버 범죄

진화하는 사이버 범죄

누구나 속기 쉬운 똑똑한 사이버 범죄

어느 날 친한 직장 동료 '민수'로부터 다음과 같은 카카오톡 메시지가 와 있었다.

> 야, 요즘 나 투자 좀 잘 풀리고 있어.
> 너도 시작하면 좋을 것 같아서 링크 하나 보낸다.
> 가입하고 나면 나처럼 혜택받을 수 있어.
> (https://invest-now.vip/earn)

사칭인 줄 알고 조심스럽게 몇 가지 질문을 했다. 의심받는다고 생각할 수도 있으니 얼마 전까지 그와 대화한 내용이나 직장에 관한 것 등을 확인해 보니 '민수'가 맞다. 그래도 꺼림직해 그냥 가입만 했다. 가입만 하고 투자는 나중에 해도 괜찮다고 했으니 문제는 없을 것이라고 생각했다. 다음 날, 내 계좌에서 알 수 없는 인출이 시작됐다.

한가한 오후 갑자기 전화벨이 울린다. 폰을 열어 보니 모르는 번호다. 혹시나 해서 받았는데 틀림없는 엄마의 목소리다.

애야…, 지금 큰일 났어. 사고가 났는데 급하게 돈이 필요해….
바로 이체해 줄 수 있니? 경찰이랑 같이 있어, 빨리….

나는 다급하게 물어봤다.

(불안하게) 엄마…, 정말 엄마 맞아? 왜 전화기가 이상한 번호야?

엄마는 다급한 목소리로 이렇게 답을 남기고 통화를 끊었다.

설명은 나중에 해 줄게. 엄마 맞아. 제발 이 통장번호로 빨리 보내 줘. 시간이 없어….

송금하기 전 엄마에게 다시 전화해 보니, 무슨 일이냐

고 한다. 분명 엄마의 목소리였는데….

이 두 가지 사례는 실제로 국내외에서 이미 수 차례 발생한 인공지능(AI) 기반 범죄를 재구성한 것이다. 공통적으로 피해자들은 이미 피싱(phishing) 문자나 보이스 피싱(Voice phishing)의 존재를 알고 있었다. 의심도 하고 조심도 했지만, 결정적인 순간에는 '믿을 만한 사람'이라는 증거들이 피해자의 판단을 무너뜨렸다. 익숙한 말투, 과거 대화 내용을 인용한 메시지, 심지어는 가족의 목소리까지, 이 모든 것이 진짜처럼 느껴졌기 때문이다. 결국 "설마 진짜일까?"라는 불안보다 "아는 사람이니까"라는 신뢰가 앞서게 된다. 그렇다면 AI가 어떻게 범죄에 사용됐는지 살펴보겠다.

첫 번째 사례는 AI 챗봇이 지인의 말투, 대화 패턴, 프로필 사진까지 모방해 메시지를 보내는 수법이다. 특히 SNS나 메신저에서 자주 접하는 사람의 말투를 학습한 뒤, 사람처럼 자연스러운 문장으로 피싱 링크를 전송한다. 피해자는 "평소 연락하던 친구니까"라는 심리적 방심으로 의심을 덜 하게 된다.

두 번째는 AI 음성 합성 기술을 활용한 보이스 피싱이다. 가족이나 지인의 음성을 학습시켜 진짜보다 더 진짜 같은 목소리로 조작된 전화가 걸려 온다. 특히 감정이 실린 긴박한 상황(사고, 위급, 체포 등)을 연기해 판단력을 흐리게 만든다.

이제 AI 범죄는 영화 속 이야기나 먼 미래의 위협이 아니다. 우리의 일상, 휴대폰 알림, 가족과의 통화 한 통에서 시작된다. 진짜처럼 보이고, 진짜처럼 들리기 때문에 피해자는 속수무책으로 당하기 쉽다.

AI 범죄의 배경: '개인정보'라는 연료

이처럼 AI가 사람처럼 말하고, 사람처럼 들리게 만드는 데는 단순히 기술의 정교함만이 작용한 것이 아니다. 핵심은 AI가 '무엇을 학습했는가'에 있다. 그 학습의 재료가 바로 개인정보다. 과거에도 해킹을 통해 개인정보가 유출되는 사건은 많았지만, 오늘날의 AI는 과거보다 훨씬 더 빠르고, 정밀하게, 그리고 대규모로 그 정보를 활용할 수 있다.

하지만 단지 새로운 기술이 등장했다고 해서 그것이 자동으로 범죄에 악용된다고 단정 짓는 것은 성급하다. 기술의 발전 그 자체는 중립적인 현상이며, 그것이 범죄로 이어지려면 그 기술이 어떤 방식으로, 어떤 구조 속에서 구체적인 범죄 행위와 연결되는지를 체계적으로 살펴봐야 한다. 다시 말해, 기술의 존재만으로는 충분치 않으며, 그 기술이 범죄의 도구로 작동하게 되는 사회적, 경제적, 심리적 조건들이 함께 작동해야 한다.

첫째, 기술이 범죄자의 비용을 얼마나 줄여 주는지가 중요하다. 예전에는 누군가를 속이기 위해 많은 시간과 노력이 필요했다면, 이제는 AI가 몇 분 만에 누군가의 말투와 음성을 복제해 수십 명에게 동시에 접근할 수 있다. 이는 범죄자의 입장에서 매우 '효율적인' 선택지를 만들어 준다.

둘째, AI 기술이 범죄 성공률을 얼마나 높여 주는지도 핵심이다. 단순한 보이스 피싱보다 감정까지 담긴 진짜 같은 목소리로 전화를 받는다면 피해자는 훨씬 쉽게 속아 넘어간다. AI는 개인의 행동 패턴을 예측하거나 상황을 조작할 수 있어, 범죄의 정교함과 설득력을 극대화할 수 있다.

셋째, 사회적 감시와 통제 장치가 얼마나 미비한지에 따라 기술의 악용 가능성은 더욱 커진다. 새로운 기술은 빠르게 확산되지만, 이에 대응하는 법적 규제나 기술적 방어 수단은 상대적으로 느리게 따라오기 마련이다. 이 허점을 파고드는 것이 AI 범죄의 특징이다.

따라서 AI 기술의 등장 그 자체가 아니라, 그 기술이 '어떻게' 사용되고, '어떤 조건' 아래에서 악용되는지를 이해하는 것이 AI 범죄를 제대로 분석하고 대응하는 데 필수적이다. 우선 AI 사이버 범죄는 무엇이 다른지 살펴보기로 한다.

AI 범죄의 특징

범죄의 자동화

첫 번째는 AI의 고도화로 인한 개인정보 악용의 자동화다. 이제는 단순히 이메일 계정과 비밀번호를 훔치는 수준을 넘어, 공개된 SNS 게시물, 사진 속 위치 정보, 댓글 패턴, 통화 기록, 문자 대화 등 방대한 데이터를 수집하고, 이를 기반으로 타인의 대화 스타일과 정체성까지 복제할 수 있다. 이처럼 고도화된 데이터 프로파일링은 피해자에게 '가짜'를 '진짜'로 믿게 만드는 핵심 도구가 된다.

수집된 개인정보는 단순한 신원 도용을 넘어 정교한 사회공학적 공격의 기반이 된다. AI는 특정 개인의 대화 습관, 사용 어휘, 질문에 대한 반응 방식 등을 학습해 심리적 프레임까지 모방할 수 있어, 가족이나 지인조차 속일 수 있는 수준의 가짜 정체성을 생성한다. 실제로 2023년 연구에 따르면, 대규모 언어 모델을 통해 심리 상태와 커뮤니케이션 스타일 분석이 가능하며, 이는 피싱 메시지를 더 깊이 설계하는 데 활용될 수 있다. 특히 '정서 기반' 맞춤 메시지는 피해자가 더 쉽게 속도록 만든다. 결과적으로 AI는 과거의 범죄 방식보다 훨씬 더 정밀하고, 설득력 높은 공격을 가능하게 한다(Narayanan et al., 2020).

은폐가 쉬워진 "안전한" 해킹

두 번째 문제는 해킹 흔적을 감추기가 훨씬 쉬워졌다는 것이다. 예전에는 시스템이 뚫리면 로그에 기록이 남고 관리자에게 알림이 갔다. 그런데 AI는 정상 트래픽에 자신을 숨기고, 공격 시점도 여러 번에 걸쳐 분산시켜 탐지를 어렵게 만든다. 게다가 최근에는 사람의 개입 없이도 스스로 판단하고 행동하는 자율 AI 에이전트들이 등장하고 있다. 이런 악성 AI 에이전트는 상황에 따라 스스로 침투 경로를 바꾸고, 탐지를 회피하는 능력까지 갖추고 있다. 마치 숙련된 해커가 실시간으로 전략을 바꾸는 것처럼 말이다.

이를 구체적으로 기술하면, 해킹을 목적으로 잘 설계된 AI는 타깃 시스템에 침투한 후, 의심스러운 행위를 여러 단계로 나누어 실행해 보안 설루션의 규칙 기반 탐지를 피한다. 또한 AI는 악성 코드를 실시간으로 변형시켜 보안 프로그램이 기존에 알고 있던 악성 코드의 특징이나 패턴과 다르게 만들어 탐지를 피한다. 해커들은 이 기능을 이용해 침투 흔적을 깔끔하게 지우고, 로그 정리 작업까지 자동화한다. 그 결과, 보안 모니터링이 전혀 작동하지 않는 '사각지대'가 생긴다. 이 때문에 침입 후 발견까지 걸리는 시간이 크게 늘어나서, 실질적으로 대응이 불가능해진다(Williams, 2025).

취득한 정보의 활용 방식 진화

세 번째는 취득한 정보의 활용 방식이 진화했다는 점이다. 이전에는 유출된 주민등록번호나 이메일이 단순히 판매되는 수준이었다면, 지금은 그 정보를 AI에 학습시켜 목소리, 얼굴, 문장 스타일을 완벽하게 재현하는 공격으로 이어진다. 예컨대 누군가의 카카오톡 대화 패턴과 말투를 학습한 AI가, 피싱 메시지를 "자연스럽게 오타까지 재현"해 보낸다면, 피해자는 거의 분별할 수 없다.

실제로 최근 보이스 피싱 범죄에서는 AI 음성 합성을 통해 실제 가족의 긴박한 목소리를 즉시 생성해 사용하고 있다. 생성 AI는 단 몇 분 만에 특정 인물의 "반말 톤"이나 "불안한 떨림"까지 복제할 수 있다. 얼굴 딥페이크 기술은 영상 통화까지 속일 수 있을 정도로 고도화되고 있다. 이처럼 AI는 단순히 정보를 넘어 감정의 전달 방식까지 모방함으로써 피해자의 경계를 무너뜨린다. 더불어, 학습된 데이터에 기반해 메시지 내용까지 상황 맞춤형으로 바로 만든다.

범죄 수익의 은닉화

네 번째는 범죄 수익의 은닉화가 정교해졌다는 것이다. 해킹을 통해 탈취한 정보나 자금은 암호 화폐로 전환되고, 여러 블록체인 간을 이동하며 '세탁'된다. 특히 '크로스체인 브리지(Cross-Chain Bridge: 서로 다른 블록체인 간 암호 화폐 이동을 가능하게 하는 기술)'와 '탈중앙화 거래소(DEX, Decentralized Exchange: 중앙 관리 기관 없이 개인 간 직접 거래하는 플랫폼)'는 범죄 수익을 흔적 없이 옮기는 데 핵심적인 역할을 한다. AI는 이러한 이동 경로를 스스로 분석하고, 환율과 수수료까지 계산해 최적의 자금 세탁 경로를 추천하기도 한다.

2024년 전체 범죄 수익 중 40조 원 이상이 암호 화폐를 통해 세탁된 것으로 추정된다(Adeyemo, 2025). 특히, 달러나 원화 같은 법정 화폐와 가치가 연동되어 가격 변동이 적은 '스테이블코인(stablecoin)'의 사용 비중이

높아지고 있다. 가격이 안정적이어서 범죄자들이 자금을 빠르게 이동시키고 현금화하기 쉽기 때문이다. 범죄자는 AI에게 "익명성"과 "최소 수수료 경로"를 동시에 계산하도록 명령하기도 한다. AI는 그 데이터를 기반으로 최단 경로를 그려 주며, 인간이 일일이 계산하기 어려운 정교한 자금 이동을 가능하게 한다. 결과적으로 추적이 거의 불가능한 수준의 자금 흐름이 만들어진다.

적발 및 단속의 어려움

다섯 번째는 AI 기반 범죄가 적발되기 어려운 구조라는 점이다. 피해자는 처음부터 "사람이 아닌 것"에 속았다는 것을 인지하지 못한다. 심지어 경찰이나 수사 기관조차 딥페이크 영상이나 AI 음성을 진짜와 구분하기 어려워한다. 이로 인해 사건의 단서도, 가해자도 모호해지고, 범죄는 수면 아래로 사라진다.

미국 연방수사국(FBI)조차도 최근 AI 합성음 기반의 보이스 피싱 전화를 실제 인물의 목소리와 구분하기 힘들다고 시인한 바 있다(지디넷코리아, 2025). 영상 딥페이크는 시간 지연, 화질 저하 같은 미세한 신호만으로 식별 가능했지만, 지금은 고품질의 실시간 합성 필터까지 사용된다. 이에 따라 사건 발생 후에도 원본 음성/영상 증거를 확보하는 것 자체가 어렵다. 수사관들은 지문처럼 남는 '디지털 잔향'을 탐지하기 위해 특별한 도구를 활용해야 한다. 하지만 이 또한 완벽하지 않아, 사건 자체의 존재가 드러나지 않는 경우가 많기 때문이다.

범죄 사업 모델의 소프트웨어화

마지막으로 중요한 점은, 이러한 AI 범죄를 단순한 '개인의 일탈'로 보아선 안 된다는 것이다. 실제로 이들은 조직적이고 지속적인 운영 체계를 갖추고 있으며, AI 기술자, 해커, 자금 세탁 담당자, 고객 응대 역할까지 따로 존재한다. 이들은 AI 기술을 이용해 '사업 모델'을 만들고 있으며, 적발될 위험은 낮고 수익률은 높은 구조를 노린다. 마치 스타트업처럼 '서비스를 정교화'하고, '고객 경험'을 최적화하고 있는 것이다.

심지어 AI 기반 피싱 키트를 패키지 형태로 판매하거나 구독 모델로 제공하는 사례도 있었다. 체이널리시스(Chainalysis) 보고(Mattackal, 2025)에 따르면 2024년 피싱 · 스캠 관련 암호 화폐 수익만 최소 99억 달러에 달했으며, 그 증가세는 전년 대비 40%에 이르는 것으로 나타났다. 이러한 범죄 조직 중에는 개발 팀, 고객 지원 팀, 자금 관리 팀, 마케팅 팀까지 갖춘 이른바 "기업형 범죄 조직"도 상당히 많은 것으로 나타났다. 범죄가 소프트웨어 상품처럼 팔리면서 대중화되는 길이 열린 것이다. 이들은 AI를 활용해 '캠페인 효과 분석'까지 자동화하며, ROI(투자 수익률) 중심으로 최적화된 범죄를 보급한다.

분석의 프레임 및 책의 구성

범죄경제학: "범죄자의 계산법"으로 접근

이 책은 더 이상 뉴스 속 사건으로만 존재하지 않는 AI 범죄의 실체를 다양한 실제 사례를 통해 조명한다. 그리고 단순히 "AI가 나쁜 짓에 쓰이고 있다"는 기술적 설명에 그치지 않고, '왜' 범죄자들이 AI를 선택하게 되는가라는 근본적인 질문을 던진다.

이는 경제학의 시각으로 접근하는, 이른바 '범죄경제학'의 분석이다. 범죄자도 결국 손익을 따지는 존재이며, AI는 그들에게 "더 적은 노력으로 더 큰 이익"을 안겨 주는 범죄 도구의 혁신이 된 것이다. 기술은 더 이상 단순한 수단이 아니라, 범죄의 비용 구조와 수익 모델을 완전히 바꿔 놓는 핵심 변수가 된 셈이다.

따라서 문제의 분석도, 해결의 접근도 모두 '범죄 손익을 계산하는 범죄자'의 관점에서 출발해야 한다. 막연히 보안을 강화하거나 법을 강화하는 것만으로는 충분치 않다. AI를 사용했을 때 범죄자의 수익이 어떻게 증가하고, 리스크는 어떻게 감소하는지 그 구조를 꿰뚫어야 한다. 그래야만 우리가 취할 대응도 더 정밀하고 실질적인 억제 효과를 낼 수 있다.

AI 범죄의 대응 전략: 범죄의 비용 및 리스크를 고려

결국, AI 범죄를 이해하고 막는 가장 현실적인 길은 '범죄자의 계산법'을 정확히 아는 것에서부터 시작된다. 이를 위해 다음과 같이 방법으로 AI 범죄를 분석해, 해결 방법을 제시하고자 한다.

첫째, '범죄경제학'이라는 독특한 렌즈를 통해 AI 범죄를 바라본다. 다른 책들이 주로 "어떻게 범죄가 일어나는가"에 초점을 맞췄다면, 이 책은 "왜 범죄자들이 AI를 선택하는가"라는 근본적인 질문에 답하고자 한다. AI 기술의 도입으로 범죄 비용을 낮추고 이익을 높인 경제적 효과를 이해한다면 우리는 더 효과적인 방어선을 구축할 수 있다.

둘째, 독자의 디지털 생활 방식에 맞춘 맞춤형 보안 전략을 제시한다. SNS를 활발히 사용하는 사람, 온라인 금융 거래가 많은 사람, 재택근무를 하는 비즈니스 전문가

등 다양한 라이프스타일에 따른 맞춤형 가이드를 제공한다. 누구나 자신의 상황에 맞는 실질적인 조언을 찾을 수 있을 것이다.

셋째, 단순한 기술적 대응을 넘어 사회적, 윤리적 차원의 논의까지 포괄한다. AI 범죄는 새로운 기술적 도전일 뿐만 아니라 사회적 과제이기도 하다. 개인의 방어 전략에서부터 사회 전체의 대응 방안까지, 거시적 관점에서 AI 범죄 문제를 조망한다.

책의 구성

AI 기술이 우리 삶을 편리하게 만들어 주는 동시에, 새로운 형태의 범죄도 등장하고 있다. 이 책은 AI 범죄의 현실을 직시하고, 개인과 사회가 어떻게 대응해야 하는지에 대한 실질적인 해답을 제시하고자 한다.

1장부터 3장까지는 AI 범죄의 현황과 배경을 다뤘다. AI 기술이 어떻게 범죄 도구로 악용되는지, 왜 범죄자들이 AI를 선택하는지, 딥페이크라는 강력한 무기가 어떤 위험을 가져오는지 살폈다.

4장부터 7장까지는 구체적인 AI 범죄 유형을 분석했다. 지능형 피싱, 자동화된 사이버 공격, AI 감시와 프라이버시 침해, 그리고 금융 범죄까지 분야별로 실제 사례와 함께 작동 원리를 설명했다.

8장부터 10장까지는 해결책과 대응 전략을 제시했다. 개인이 실천할 수 있는 디지털 보안 방법에서부터 사회 전체가 함께 만들어 가야 할 안전망, 미래를 대비하는 장기적 전략까지 포괄적으로 다뤘다.

참고문헌

지디넷코리아(2025.5.18). FBI도 경고 'AI 목소리 복제… 보이스 피싱 교묘해져', https://zdnet.co.kr/view/?no=20250516134449

Adeyemo, S.(2025.1.16). Crypto crime proceeds valued at $40.1 billion in 2024—Chainalysis. *mariblock,* https://www.mariblock.com/crypto-crime-proceeds-valued-at-40-1-billion-in-2024-chainalysis/

Mattackal, L.P.(2025.2.15). Crypto scams likely set new record in 2024 helped by AI, Chainalysis says. *Reuters,* https://www.reuters.com/technology/crypto-scams-likely-set-new-record-2024-helped-by-ai-chainalysis-says-2025-02-14/

Narayanan, A., & Clark, J.(2020). Dark patterns: Past, present, and future. *Communications of the ACM*, 63(9), 96–106. https://cacm.acm.org/practice/dark-patterns

Williams, R.(2025.4.4). Cyberattacks by AI agents are coming. *MIT Technology Review*, https://www.technologyreview.com/2025/04/04/1114228/cyberattacks-by-ai-agents-are-coming/

01
AI 범죄, 새로운 디지털 위험의 시대

과거에는 사기범이 피해자와 직접 대면하거나, 복잡한 코딩 기술을 익힌 전문 해커가 시스템에 침입했다. 그러나 오늘날의 범죄는 얼굴을 마주할 필요도, 고도의 전문성도 요구하지 않는다. AI는 인간의 목소리, 얼굴, 말투까지 실시간으로 복제할 수 있으며, 수천 명을 동시에 속이는 대화형 자동 범죄라는 새로운 범죄 유형을 만들어 냈다.

기후 위기와 인공지능?

기술이 만든 범죄의 자동화: 더 정교하고 더 넓어진 위협

새로운 사이버 범죄의 등장

AI 기술의 비약적인 발전은 인간의 삶을 한층 편리하게 만들었지만, 동시에 범죄의 양상도 전례 없이 정교하고 대규모로 변화시키고 있다. 과거에는 사기범이 피해자와 직접 대면하거나, 복잡한 코딩 기술을 익힌 전문 해커만이 시스템을 침입할 수 있었다. 그러나 오늘날의 범죄는 얼굴을 마주할 필요도, 고도의 전문성도 요구하지 않는다. AI는 인간의 목소리, 얼굴, 말투까지 실시간으로 복제할 수 있으며, 수천 명을 동시에 속이는 대화형 자동 범죄(Conversational Automated Crime)라는 새로운 범죄 유형을 만들어 냈다.

대화형 자동 범죄는 인공지능이 사람처럼 자연스럽게 대화하고, 맞춤형 메시지나 콘텐츠를 자동으로 생성해 범죄 목적을 수행하는 신종 디지털 범죄 형태를 말한다(TRM; King et al., 2020). 단순한 스팸이나 피싱을 넘어, AI가 실시간 대화를 통해 피해자의 감정을 조작하고 신뢰를 유도하며 민감 정보를 추출한다. 이는 단순한 기술의 활용이 아니라, AI가 범죄의 도구이자 실행자가 되는 구조적 전환을 의미한다.

AI 영상 통화 사기 사건

대표적인 사례는 2023년 중국 푸젠성(福建省)에서 발생한 AI 영상 통화 사기 사건이다. 한 기술 기업의 대표가 지인의 얼굴과 목소리를 실시간으로 복제한 AI 영상 통화를 받은 뒤, 사업 관련 자금 430만 위안(약 8억 원)을 송금했다(《중앙일보》, 2023.6.19). 영상 속 인물이 평소 알고 지낸 동료와 외모, 말투, 제스처까지 똑같았고, 실시간 통화처럼 보였기 때문에 피해자는 전혀 의심하지 않았다.

이 사건은 단순히 '기술이 정교하다'는 수준을 넘어선다. 이제 '사람처럼 보이고, 사람처럼 말하는 가짜'가 진짜보다 더 신뢰를 얻는 상황이 만들어진 것이다. 인간의 감각과 판단력, 그리고 인간관계에 기반한 신뢰 체계가 무너질 수 있음을 보여 주는 사건이다. 신뢰는 사회적 관계를 유지하는 가장 근본적인 기반인데, AI 범죄는 그 토대를 정면에서 위협한다.

이러한 위협은 단발적인 사건에 그치지 않는다. AI는 이제 피해자의 SNS 활동, 메신저 대화, 검색 기록, 쇼핑 이력 등을 자동으로 수집하고 분석해, 맞춤형 피싱 메시지를 대량 생산한다. 메일 제목과 내용, 보낸 시간, 말투까지도 피해자의 일상에 자연스럽게 스며들도록 조작된다. 과거에는 사기꾼 한 명이 하루 수 명을 겨우 속였지만, 지금은 AI 한 대가 동시에 수십만 명을 타깃으로 공격을 전개할 수 있다. 범죄 속도는 실시간을 넘어 순식간으로, 규모는 도시 전체를 감당할 수준으로, 정밀성은 가족보다 더 가까운 수준으로 진화했다.

AI 범죄의 유형과 사회적 파장

개인 맞춤형 피싱과 심리 조작 범죄

AI 기술의 발달로 기존의 피싱 수법은 훨씬 더 정교하고 치밀하게 진화했다. 이제는 단순한 가짜 이메일이 아니라, 피해자의 이름, 직업, 관심사, 대화 스타일까지 학습한 AI가 마치 진짜 사람처럼 메시지를 보낸다. 특히 언어 생성 AI는 가족이나 지인의 말투를 그대로 흉내 내어 설득력 있는 피싱 메시지를 만들어 낸다. 여기에 음성 합성 기술이 더해지면, 피해자는 자신이 아는 사람의 목소리로 전화를 받게 되고, 그 안심감 속에서 경계심을 내려놓는다.

몸캠 피싱도 AI를 만나 더 교묘해졌다. 실제 여성처럼 보이는 가상 인물과 영상 통화를 유도하고, 그 과정에서 음란 행위를 하도록 유도한 뒤 이를 녹화한다. 이후 피해자에게 자동으로 협박 메시지를 보내 돈을 요구하는데, 이 모든 과정이 대규모로 동시에 이뤄진다. AI가 감정을 흉내 내며 사람의 심리를 파고들기 때문에, 피해자는 판단력을 잃고 요구에 따르게 된다. 이런 범죄는 누구나 피해자가 될 수 있고, 한번 걸려들면 회복이 쉽지 않다는 점에서 새로운 위협으로 떠오르고 있다.

자동화된 해킹과 악성 코드 제작 범죄

AI는 이제 단순한 해킹 도구를 넘어, 시스템 전체를 마비시킬 수 있는 자동화 공격을 가능하게 만들고 있다. 예를 들어, 생성적 적대 신경망(GAN, Generative Adversarial Network)을 활용한 공격 기법 중 하나인 'IDSGAN (Intrusion Detection System GAN, 침입 탐지 시스템 GAN)'은 기존 보안 시스템이 감지하지 못하도록 트래픽을 위장해 침입한다. 실제 실험에서는 탐지율이 80%에서 1% 미만으로 떨어진 사례도 보고되었는데, 이는 기존의 보안 체계가 더 이상 AI 공격에 효과적으로 대응하지 못함을 보여 준다.

또한 AI는 DDoS(분산 서비스 거부) 공격에서도 중요한 역할을 한다. 단순히 많은 트래픽을 보내는 것이 아니라, 정상적인 요청처럼 보이는 데이터를 보내면서 서버를 마비시키는 방식이다. 공격 시점도 상황에 맞게 조절하고, 패턴을 자동으로 바꾸기 때문에 방어가 더 어렵다. 더 심각한 문제는 누구나 AI를 이용해 악성 코드를 만들 수 있게 되었다는 점이다. 웜지피티(WormGPT)나 프라우드지피티(FraudGPT) 같은 범죄 특화 AI는 피싱 메일 작성, 카드 사기 실행, 인증 우회 도구 생성까지 한 번에 처리할 수 있는 '범죄 자동화 플랫폼'으로 기능하고 있다(Erzberger, 2023). 전문가가 아니어도, 조금만 검색하면 강력한 해킹 도구를 사용할 수 있는 시대가 된 것이다.

AI 범죄의 사회적 파장: 법의 공백과 신뢰 붕괴

AI 범죄는 단지 기술 문제가 아니라, 사회 전체의 신뢰 시스템을 위협하는 구조적 위험이라고 할 수 있다. 실제 딥페이크를 활용한 성범죄, 신원 위조, 사이버 스토킹 등은 피해자 개인에게만 피해를 주는 것이 아니다. 영상 삭제는 어렵고, 유포는 통제 불가능하며, 사회적 낙인과 정신적 고통은 피해자를 파괴한다. 특히 딥페이크 음란물의 경우 피해자가 이를 반박하려 할수록 오히려 '진짜처럼 보이게 만드는' 역효과가 발생한다(Nelson, 2024).

안타깝게도 법은 이런 기술 진화를 따라가지 못하고 있다. 예컨대 딥페이크 영상은 '유포 전'에는 처벌이 어렵고, 악성 코드는 '제작'만으로는 처벌할 수 없다. 현행 「성폭력처벌법」 제14조(카메라 등을 이용한 촬영)는 "촬영" 자체가 불법이지만, 합성물의 경우 제작만으로 처벌할 수 있는 규정이 명확하지 않다. 2023년부터는 일부 딥페이크에 대한 형사 처벌 근거가 마련되었지만, 여전히 단순 제작 · 보관 단계는 여전히 처벌의 사각지대에 있다. 또한 피해자가 "AI가 사용됐다"는 사실을 입증해야 하는 현재 구조에서는 법적 보호도 사실상 어렵다.

사회 전체로 보면 AI 범죄는 신뢰 붕괴, 정치적 혼란, 소비 위축, 개인정보 유출 등 광범위한 간접 피해를 야기한다. 뉴스, 메시지, 전화, 이메일, 영상 통화 등 모든 커뮤니케이션이 의심의 대상이 되면서, 사회 전반의 연결망이 약화되기 때문이다.

참고문헌

중앙일보(2023.6.19). '영상 통화 믿지마' 공안 경고했다… 10분새 7억 뜯은 中 AI 피싱, https://www.joongang.co.kr/article/25170765

Erzberger, A.(2023.8.8). WormGPT and FraudGPT – The rise of

malicious LLMs. *Trustwave,* https://www.trustwave.com/en-us/resources/blogs/spiderlabs-blog/wormgpt-and-fraudgpt-the-rise-of-malicious-llms/

King, T. C. et al.(2020.2). Artificial intelligence crime: An interdisciplinary analysis of foreseeable threats and solutions. *Science and Engineering Ethics,* 26(1), pp.89-120, https://pubmed.ncbi.nlm.nih.gov/30767109/

Nelson, H.(2024.2.7). Taylor Swift and the Dangers of Deepfake Pornography. *NSVRC(National Sexual Violence Resource Center),* https://www.nsvrc.org/blogs/feminism/taylor-swift-and-dangers-deepfake-pornography

TRM. The rise of AI-enabled crime: Exploring the evolution, risks, and responses to AI-powered criminal enterprises, https://www.trmlabs.com/resources/blog/the-rise-of-ai-enabled-crime-exploring-the-evolution-risks-and-responses-to-ai-powered-criminal-enterprises

02
범죄자의 경제학

범죄경제학은 범죄 발생의 원인, 동기, 결과 등을 경제학적 관점에서 분석하고 설명하는 학문이다. 이에 따르면 범죄자들이 인공지능을 선택하는 이유는 의외로 간단하다. 그것이 '경제적으로' 합리적이기 때문이다.

노래하는 AI 보컬?

범죄경제학 관점에서 본 AI 범죄

범죄자는 왜 AI를 선택할까?

범죄경제학(Economics of crime)은 범죄 발생의 원인, 동기, 결과 등을 경제학적 관점에서 분석하고 설명하는 학문이다. 이에 따르면 범죄자들이 인공지능을 선택하는 이유는 의외로 간단하다. 그것이 '경제적으로' 합리적이기 때문이다.

전통적인 범죄와 AI를 활용한 범죄 사이에는 근본적인 비용-편익 구조의 차이가 존재한다. 과거 은행을 털기 위해서는 무기, 동료, 도주 계획 등 복잡한 준비가 필요했다면, 이제는 노트북 하나와 AI 도구만 있으면 전 세계 어디서든 더 큰 규모의 범죄를 저지를 수 있다. 물리적 제약이 해소되면서 범죄의 규모의 경제가 실현되고 있는 것이다.

이러한 변화를 이해하기 위해서는 범죄를 단순히 도덕적 일탈로만 바라볼 것이 아니라, 경제학적 관점에서 분석할 필요가 있다. 범죄자 역시 비용과 편익을 계산하는 경제적 행위자이며, AI는 이들의 계산 방식을 근본적으로 바꾸고 있다.

범죄경제학의 기본 원리

노벨경제학상 수상자 게리 베커(Gary Becker)는 1968년 발표한 논문에서 범죄를 경제학적 관점으로 분석했다(Becker, 1968). 그의 이론에 따르면, 개인은 범죄 행위로 얻는 편익이 비용보다 클 때 범죄를 선택한다. 즉, "범죄 행위 편익 > 범죄 행위 비용"이라는 단순한 부등식이 성립할 때 범죄가 발생한다.

이는 합리적 선택 이론에 기반한다. 범죄자도 기업인, 투자자와 같은 경제적 행위자로서, 주어진 제약 조건하에서 자신의 효용을 극대화하려고 한다. 다만 그들의 선택지에 불법적 행위가 포함되어 있을 뿐이다.

범죄 결정은 다음과 같은 수식으로 표현할 수 있다.

$$E(U) = p \times U(Y-f) + (1-p) \times U(Y+g)$$

여기서:

- E(U): 범죄 행위의 기대 효용.
- p: 검거 확률.
- f: 처벌 수위(벌금, 징역 등).
- g: 범죄로 얻는 수익.
- Y: 합법적 소득(현재 소득).

여기서 개인은 이 기대 효용이 합법적 행위의 효용보다 클 때 범죄를 선택한다.

위 수식에서 범죄 비용은 크게 세 가지로 구분된다. 첫째로, 직접 비용은 범죄 실행에 드는 실질적 비용이다. 시간적 비용(범죄 계획 및 실행에 소요되는 시간), 금전적 비용(도구 구입비, 이동비 등), 기회비용(합법적 활동을 포기함으로써 잃는 수익) 등이 포함된다.

둘째로, 리스크 비용은 검거될 가능성과 그에 따른 처벌을 고려한 기댓값이다. 검거 확률이 높거나 처벌이 무거울수록 리스크 비용은 증가한다. 이는 범죄 억제의 핵심 메커니즘이다.

셋째로, 심리적 비용은 수치화하기 어렵지만 중요한 요소다. 윤리적 · 도덕적 갈등, 사회적 낙인에 대한 두려움, 가족과 주변인들에게 미칠 영향에 대한 걱정 등이 여기에 해당한다.

사이버 범죄의 경제적 특성

물리적 접촉의 부재에 따른 낮은 심리적 장벽

사이버 범죄의 가장 큰 특징은 피해자와 직접 마주하지 않는다는 점이다. 이는 범죄의 심리적 장벽을 현저히 낮춘다. 전통적인 강도는 피해자의 얼굴을 보고, 두려움을 느끼는 모습을 직접 목격해야 했다. 하지만 사이버 범죄자는 모니터 너머에서 숫자로만 피해를 확인한다.

이러한 추상화는 도덕적 해이를 불러온다. 실제 사람이 입는 구체적 피해가 아닌 추상적 손실로 인식되면서 죄책감이 감소한다. "그냥 데이터일 뿐"이라는 식의 합리화가 쉬워지는 것이다. 또한 익명성이 주는 심리적 안전감도 중요한 요소다. 온라인에서는 실명이 아닌 닉네임으로 활동할 수 있고, 다양한 기술적 도구를 통해 신원을 숨길 수 있다. 이는 사회적 거리감을 증가시키고, 범죄에 대한 심리적 부담을 줄인다.

일대다 공격으로 규모의 경제 달성 가능

사이버 범죄의 경제적 매력도를 높이는 핵심 요소는 규모의 경제다. 전통적 범죄는 대부분 일대일(1:1) 구조였다. 한 명의 범죄자가 한 명의 피해자를 상대해야 했고, 피해자 수를 늘리려면 그만큼 시간과 노력이 비례적으로 증가했다.

하지만 사이버 범죄는 일대다(1:N) 공격이 가능하다. 한 번의 악성 코드 제작으로 수천, 수만 명을 동시에 공격할 수 있다. 피싱 메일 하나로 전 세계 수백만 명에게 동시에 발송할 수 있다. 범죄자의 노력은 그대로인데 잠재적 수익은 기하급수적으로 증가하는 구조다.

자동화 역시 중요한 특징이다. 프로그램을 한 번 만들어 놓으면 인간의 개입 없이도 24시간 내내 범죄 활동을 지속할 수 있다. 범죄자는 잠을 자는 동안에도 수익을 창출할 수 있게 된다.

지리적 제약 해소도 큰 변화다. 과거에는 범죄자와 피해자가 물리적으로 같은 공간에 있어야 했지만, 이제는 지구 반대편에 있는 사람도 표적이 될 수 있다. 이는 범죄자에게 전 세계를 무대로 한 활동 기회를 제공한다.

AI가 범죄 비용 구조를 혁신하는 방식

범죄의 직접 비용의 극적 감소: 시간적 및 금전적 비용 절감

AI의 등장으로 범죄 실행에 필요한 시간이 급격히 단축되었다. 전통적인 사기 범죄에서는 피해자 한 명을 설득하는데 수 시간에서 수일이 걸렸다. 범죄자는 신뢰를 쌓기 위해 장기간에 걸쳐 관계를 형성해야 했고, 개별 피해자마다 맞춤형 접근이 필요했다.

하지만 AI 딥페이크 기술을 활용하면 몇 분 만에 설득력 있는 가짜 영상을 제작할 수 있다. 실제로 2019년 영국에서 발생한 사건에서는 AI로 CEO의 음성을 복제해 단 한 통의 전화로 22만 달러를 편취했다(《매일경제》, 2020.12.29). 과거라면 몇 주간의 사전 조사와 신뢰 구축이 필요했을 일이 단 몇 분 만에 해결된 것이다.

특히 전문 지식에 대한 진입 장벽이 크게 낮아졌다. 과거에는 프로그래밍, 네트워크 보안, 암호학 등에 대한 깊은 지식이 필요했지만, 이제 AI가 이런 기술적 진입 장벽을 해소해 준다. 범죄자는 "이메일 주소 1000개를 수집하는 코드를 작성해 줘"라고 AI에게 요청하기만 하면 된다.

인프라 비용도 대폭 절감되었다. 과거에는 서버를 직접 구축하고 관리해야 했지만, 이제는 클라우드 기반 AI 서비스를 이용할 수 있다. 아마존, 구글, 마이크로소프트 등의 클라우드 서비스를 통해 필요한 만큼만 컴퓨팅 자원을 임대해 사용할 수 있다.

낮은 범죄의 기회비용 : 비전업 범죄 행위 가능

AI 범죄의 또 다른 매력은 재택근무가 가능하다는 점이다. 범죄자는 집에서 일상생활을 유지하면서 범죄 활동을 병행할 수 있다. 이는 기회비용을 크게 줄인다. 합법적인 직업을 포기하지 않고도 범죄 수익을 올릴 수 있는 것이다. 부분 시간 범죄도 가능하다. 전통적 범죄는 대부분 전일제로 전념해야 했지만, AI 범죄는 투자한 시간 대비 높은 수익률을 보장한다. 하루 몇 시간만 투자해도 상당한 수익을 올릴 수 있어, 시간당 수익률이 합법적 경제 활동보다 훨씬 높다.

검거 확률 및 입증 책임 부담 감소로 리스크 비용의 구조적 변화 실현

AI 범죄는 검거 확률을 현저히 낮춘다. 먼저 익명성이 크게 증대되었다. 가상 사설망(VPN, Virtual Private Network), 토르(Tor) 네트워크, 암호 화폐 등의 기술을 조합하면 신원 추적이 매우 어려워진다. 특히 암호 화폐는 기존 금융 시스템의 감시망을 우회할 수 있는 도구가 되고 있다.

국경 간 수사의 어려움도 중요한 요소다. 범죄자는 A국에서 B국의 서버를 이용해 C국의 피해자를 공격할 수 있다. 이런 상황에서는 관할권 문제로 인해 수사가 복잡해지고 시간이 오래 걸린다. 국가 간 수사 공조가 필요하지만, 이는 시간과 비용이 많이 드는 절차다.

무엇보다 수사 기관의 기술적 한계가 존재한다. AI 기술의 발전 속도가 수사 역량의 발전 속도를 앞질러 가고 있다. 새로운 AI 기술이 등장할 때마다 범죄자들은 빠르게 이를 악용하지만, 수사 기관은 이에 대응하는 기술과 전문성을 갖추는 데 시간이 걸린다.

AI 기술은 범죄 입증 자체를 어렵게 만든다. 딥페이크의 진위를 판별하는 것은 전문가에게도 쉽지 않은 일이다. 기술이 발전할수록 가짜와 진짜를 구분하기가 더욱 어려워진다. 법정에서 "이것은 AI가 만든 가짜입니다"라고 주장해도 이를 명확히 증명하기는 쉽지 않다.

디지털 증거의 위변조 가능성도 문제다. 기존 수사에서는 물리적 증거가 중요한 역할을 했지만, AI 범죄에서는 대부분의 증거가 디지털이다. 하지만 디지털 증거는 조작이 가능하고, AI 기술을 이용하면 그 조작을 탐지하기가 더욱 어려워진다.

또한 AI 생성 콘텐츠의 법적 책임 소재가 불분명하다. AI가 생성한 콘텐츠로 인한 피해에 대해 누가 책임을 져야 하는가? AI 개발자인가, AI 사용자인가, 아니면 AI 자체인가? 이런 법적 모호성은 범죄자에게 유리한 환경을 조성한다.

참고문헌

매일경제(2020.12.29). AI의 역습… '돈 보내라' 영상 통화도 가짜,

https://www.mk.co.kr/economy/view.php?sc=50000001&year=2020&no=1332039

Becker, G. S.(1968). Crime and punishment: An economic approach. *Journal of political economy,* 76(2), pp.169–217, https://www.jstor.org/stable/1830482 ; https://www.nber.org/system/files/chapters/c3625/c3625.pdf

03
진짜인 듯 가짜인 세상, 딥페이크의 위협

우리는 오랫동안 '보는 것이 믿는 것'이라고 여겨 왔다. 사진이나 영상은 그 자체로 진실을 담은 증거로 여겨졌고, 법정에서도 가장 강력한 증거로 사용되어 왔다. 하지만 지금 이 믿음은 기술 앞에서 흔들리고 있다. AI가 만든 가짜 영상은 너무도 자연스러워서 이제는 진짜와 가짜를 눈으로 구분하기 어려운 시대가 되었다.

인공지능과 편향?

신뢰의 시대가 끝나다

보는 것을 더는 믿을 수 없는 시대

우리는 오랫동안 '보는 것이 믿는 것'이라고 여겨 왔다. 사진이나 영상은 그 자체로 진실을 담은 증거로 여겨졌고, 법정에서도 가장 강력한 증거로 사용되어 왔다. 하지만 지금 이 믿음은 기술 앞에서 흔들리고 있다. AI가 만든 가짜 영상은 너무도 자연스러워서 이제는 진짜와 가짜를 눈으로 구분하기 어려운 시대가 되었다.

딥페이크(Deepfake)는 인공지능의 딥 러닝 기술을 이용해 영상이나 음성을 조작하는 기술이다. 단순한 얼굴 바꾸기를 넘어 이제는 감정, 억양, 말투까지 그대로 흉내 내는 수준에 도달했다. 전문가조차 속을 만큼 정교하게 만들어진 영상은 우리 사회가 신뢰에 기반해 작동해 왔다는 사실을 되돌아보게 만든다.

그 영향은 생각보다 깊고 넓다. 법정에서는 증거 영상이 조작된 것이 아닌지 끊임없이 의심받고, 언론은 보도 영상의 진위를 스스로 검증해야 하는 상황에 놓였다. 정치인의 발언 하나, 기자의 현장 보도 하나조차 의심의 대상이 되면서 민주주의 사회의 기반인 정보 신뢰 체계가 흔들리고 있다.

디지털에 친숙한 10대, 20대조차 이러한 위협 앞에서는 취약하다. 어릴 때부터 영상과 인터넷에 익숙한 세대라면 조작 콘텐츠에 잘 속지 않을 거라는 기대는 무너졌다. 최신 딥페이크 기술은 그들의 경험과 직관마저도 무력화한다. 이제는 단지 '직접 봤다'는 것만으로는 진실을 말할 수 없는 시대가 된 것이다.

딥페이크 기술은 어디까지 왔나

딥페이크라는 단어는 인공지능의 주요 기법 중 하나인 '딥 러닝(Deep Learning)'과 허위, 가짜를 뜻하는 '페이크(Fake)'가 결합된 신조어다. 이를 간단히 표현하면, 인공지능이 학습을 통해 만든 고도의 조작 기술이라고 할 수 있다.

이 기술은 '생성적 적대 신경망'이라는 구조를 기반으로 작동한다. 이 구조는 마치 위조지폐범과 형사가 끊임없이 겨루는 게임처럼 이해하면 쉽다. 하나는 '생성자(Generator)'로, 가짜 이미지를 만들어 내는 역할을 한다. 다른 하나는 '판별자(Discriminator)'로, 진짜와 가짜를 구별하려고 노력한다. 생성자는 처음엔 엉성한 가짜를 만들지만, 판별자에게 들키지 않기 위해 점점 더 정교하게 가짜를 만든다. 동시에 판별자는 가짜를 더 잘 찾아

내기 위해 계속 학습한다. 이처럼 서로 경쟁하면서 둘 다 실력이 올라가고, 결과적으로 생성자는 사람도 속을 만큼 정교한 가짜를 만들어 내게 된다(장준혁, 2018).

특히, 실시간 딥페이크 기술은 경계심을 무너뜨린다. 화상 통화 중에도 얼굴을 바꾸거나, 실시간으로 음성을 다른 사람의 목소리처럼 바꿀 수 있게 되면서 진짜와 가짜의 구분은 더 어려워졌다. '딥페이스라이브(DeepFaceLive)' 같은 도구들은 오픈 소스로 제공되며, 성능도 매우 높다. 이런 기술은 영상 콘텐츠 제작에도 쓰이지만, 동시에 범죄에도 이용될 가능성을 키우고 있다.

딥페이크 기술의 범위도 계속 확장되고 있다. 초기에는 얼굴만 바꾸는 수준이었지만, 지금은 전신의 움직임까지 자연스럽게 합성할 수 있다. 목소리도 단 몇 초간의 샘플만 있으면 복제 가능하다. AI는 말하는 방식, 억양, 감정 표현까지 따라 하며, 가족이나 지인조차 진위를 구분하지 못할 수준에 이르렀다.

딥페이크: 정보 생태계를 뒤흔드는 기술

딥페이크는 단순히 '가짜 영상'의 문제를 넘어, 우리가 정보를 소비하고 판단하는 방식 자체를 바꾸고 있다. 과거에는 정보 생산이 언론사나 전문가 중심으로 이뤄졌지만, 이제는 개인도 누구나 설득력 있는 가짜 콘텐츠를 만들 수 있다. 정보의 생산과 유통이 너무 쉬워진 것이다.

특히 감정에 호소하는 콘텐츠일수록 소셜 미디어에서 더 빠르게 확산되는 경향이 있다. 이 때문에 딥페이크로 만들어진 자극적인 영상이 사실보다 더 먼저, 더 멀리 퍼지는 현상이 벌어진다. 이는 가짜가 진실을 이기는 '정보의 역전 현상'을 불러온다.

기존의 팩트 체크 시스템으로는 딥페이크를 걸러내는 데 한계가 있다. 텍스트 기반 정보는 어느 정도 검증이 가능하지만, 실제 인물의 영상이나 음성을 활용한 딥페이크는 검증 과정 자체가 복잡하고, 시간도 오래 걸린다. 게다가 딥페이크 제작 기술이 워낙 빠르게 발전하고 있어, 탐지 기술이 이를 따라잡기 어렵다.

결국 정보의 진위를 판단하는 책임이 개인에게 넘어가고 있다. 하지만 일반 시민이 고도로 조작된 콘텐츠를 판별해 내기란 쉬운 일이 아니다. 딥페이크 시대에는 단순히 '정보를 의심하라'는 말로는 부족하다. 정보 판별력, 즉 '미디어 리터러시'가 일상적인 생존 기술이 되어야 한다.

딥페이크 범죄의 실상: 가상이 만들어 내는 현실 피해

목소리 하나로 수억을 날리다: 금융 사기의 진화

딥페이크 기술이 가장 먼저 현실적인 피해를 일으킨 분야 중 하나는 금융 사기다. 그중 대표적인 사례는 2019년 영국의 한 에너지 기업에서 발생한 사건이다. 범죄자들은 AI 기술로 독일 본사의 CEO 목소리를 복제해 영국 지사의 고위 직원을 속였고, 약 22만 유로(약 2억 9천만 원)를 헝가리의 계좌로 송금하게 만들었다(Avast, 2019). 피해 직원은 평소 자주 통화하던 CEO의 음성이라 의심하지 않았다.

이처럼 딥페이크 기술은 단순한 장난이 아니라, 실질적인 금전 피해를 유발하는 범죄 수단이 되고 있다. 국내에서도 비슷한 시도가 감지되고 있으며, 원격 근무와 비대면 업무가 일상이 된 이후 이런 위험은 더 커졌다. 특히 대기업이나 금융 기관에서는 상사의 말 한마디가 곧 지시로 받아들여지는 문화 속에서, 가짜 음성에 속을 위험은 누구에게나 존재한다.

이런 범죄는 특정 기술보다 '심리 조작'이 핵심이다. 범죄자들은 "긴급하다", "비밀 유지가 필요하다"는 말로 피해자의 판단력을 흐린다. "다른 사람에게 알리면 곤란해진다"는 식으로 주변에 묻지도 못하게 만든다. 이런 압박 속에서 사람들은 자신이 속았다는 사실을 깨닫기도 전에 송금을 끝낸 경우가 많다. 이미 되돌리기엔 너무 늦은 것이다.

딥페이크 기술이 이런 심리적 조작과 결합하면서, 단순한 사기가 아니라 철저히 기획된 범죄가 된다. 목소리는 신뢰의 상징이었지만, 이제는 조작 가능한 데이터가 되었다. 진짜와 너무도 똑같은 음성 앞에서 사람들은 스스로의 감각을 의심하게 된다.

정치와 개인을 공격하는 가짜: 명예 훼손과 여론 조작

딥페이크는 정치 영역에서도 빠르게 위협으로 부상하고 있다. 선거철이 되면 특정 후보가 하지도 않은 발언을 하는 듯한 영상이 돌아다니곤 한다. 2020년 미국 대선 당시에도 조 바이든, 도널드 트럼프 후보를 겨냥한 조작 영상이 유튜브나 트위터에 퍼졌고, 국내에서도 정치인의 가짜 발언 영상이 만들어져 유포된 사례가 있었다.

이런 영상은 단순한 장난이 아니라 유권자의 판단을 왜곡하고, 민주적 절차를 훼손하는 행위다. 특히 소셜미디어 알고리즘은 자극적인 콘텐츠를 우선 노출하기 때문에, 가짜 영상은 진짜보다 더 빨리, 더 넓게 퍼진다. 사람들은 자기가 본 것이 '진짜'라고 믿고, 그 믿음이 곧 투표 행위로 연결되기도 한다.

정치인뿐 아니라 일반인도 타깃이 된다. 특히 딥페이크를 이용한 '리벤지 포르노'는 심각한 사회 문제로 떠올랐다. 이별 후 상대의 얼굴을 성인 영상에 합성해 퍼뜨리는 이 범죄는 대부분 여성을 대상으로 한다. 기술 장벽이 낮아졌기 때문에 누구나 인터넷에서 도구를 내려받아 몇 시간 만에 이런 영상을 만들 수 있다.

신원을 훔치고, 법을 속이다: 인증 해킹과 사법 왜곡

딥페이크는 이제 얼굴 인식, 음성 인식 같은 생체 인증 기술마저 무력화하고 있다. 2023년 홍콩에서는 딥페이크 회의 영상이 등장해, 회의에 참석한 것처럼 보이는 조작된 영상으로 2,000만 홍콩 달러(약 34억 원) 상당의 사기가 벌어졌다(The Guardian, 2024). 심지어 법원은 피해자가 진짜 회의에 있었는지, 조작된 영상이었는지를 두고 검증 절차를 진행해야 했다.

중국에서는 딥페이크로 얼굴을 변조한 영상으로 은행 얼굴 인식 시스템을 속이고 계좌에서 돈을 빼낸 사건도 있었다(The Record, 2024). 이런 기술은 단순한 계정 도용을 넘어, 생체 인증 자체에 대한 신뢰를 무너뜨리고 있다.

사법 시스템도 예외는 아니다. 조작된 증언 영상이나 가짜 증인을 활용한 시도가 점점 늘고 있다. 영상 증거가 조작될 수 있다는 가능성이 제기되면, 법정은 판단에 큰 혼란을 겪게 된다. 특히 배심원제를 채택한 나라에서는 딥페이크를 일반 시민들이 판별하기 어렵기 때문에 잘못된 판결로 이어질 가능성도 있다.

이러한 변화는 단지 '영상이 가짜일 수 있다'는 차원을 넘어선다. 사회 전체의 법적 안정성과 공정성에 대한 신뢰를 흔드는 파괴력 있는 문제다. 지금까지 우리가 의존해 왔던 신원 인증 방식, 증거 제도, 사회적 증명 방식은 딥페이크 기술 앞에서 모두 재검토 대상이 되고 있다.

참고문헌

장준혁(2018.8.28). [외부기고] 새로운 인공지능 기술 GAN. GAN의 개념과 이해. Samsung SDS, https://www.samsungsds.com/kr/insights/generative-adversarial-network-ai-2.html

Avast(2019.9.5). Voice fraud scams company out of $243,000, https://blog.avast.com/deepfake-voice-fraud-causes-243k-scam

The Guardian(2024.2.5). Company worker in Hong Kong pays

out £20m in deepfake video call scam, https://www.theguardian.com/world/2024/feb/05/hong-kong-company-deepfake-video-conference-call-scam

The Record(2024.2.16). Hackers are targeting Asian bank accounts using stolen facial recognition data, https://therecord.media/hackers-target-southeast-asia-bank-accounts-trojans-facial-recognition

04
완벽한 사기꾼, AI가 바꾸는 피싱과 사회공학의 세계

생성형 AI는 수신자의 언어 습관, 관심사, 상황까지 고려해 설득력 있는 메시지를 만드는 데 탁월하다. 사기의 형태가 기술 발전에 따라 정교하게 진화한 것이다. AI가 만든 피싱 메시지는 단순한 문장 생성 수준을 넘어선다. 피해자의 관심사와 행동 패턴, SNS 활동 내용 등을 분석해 맞춤형 메시지를 보내는 것이 가능하다.

청각장애인과 AI?

AI가 만드는 새로운 사기의 시대

전통적 사기 수법의 AI 진화

"안녕하세요, 고객님. 귀하의 계좌에서 이상 거래가 감지되었습니다." 이런 메시지를 받았을 때 어떻게 반응할까? 예전에는 문법이 어색하거나 번역체가 섞인 피싱 메시지를 보고 곧바로 수상하다고 느낄 수 있었다. 하지만 지금은 다르다. 생성형 AI는 수신자의 언어 습관, 관심사, 상황까지 고려해 설득력 있는 메시지를 만드는 데 탁월하다. 사기의 형태가 기술 발전에 따라 정교하게 진화한 것이다.

AI가 만든 피싱 메시지는 단순한 문장 생성 수준을 넘어선다. 피해자의 관심사와 행동 패턴, SNS 활동 내용 등을 분석해 맞춤형 메시지를 보내는 것이 가능하다. 이메일과 통화뿐 아니라, 몸캠 피싱의 경우에도 AI는 가상의 인물 영상을 생성하고, 음성을 합성해 피해자와 실시간 화상 통화를 할 수 있게 한다. 앞서 본 중국에서 한 기업 대표가 AI로 조작된 친구의 영상 통화를 통해 거액을 송금한 사건도 이와 비슷한 방식이었다. AI가 실제 사람처럼 말하고 행동함으로써 피해자에게 강한 현실감을 주었고, 이를 통해 단시간에 거액의 금전을 빼앗은 것이다.

AI 챗봇의 사회공학적 활용

AI 챗봇은 기존 사회공학적 기법을 뛰어넘는 방식으로 개인정보를 유도해 낸다. 자연스럽고 맥락을 이해한 대화는 피해자의 경계를 무너뜨린다. 게다가 AI는 24시간 쉬지 않고 수천 명과 동시에 대화할 수 있으므로, 범죄 효율성은 인간보다 훨씬 높다. 성공적인 사기 패턴은 반복 학습을 통해 더욱 정교해지고, 피해자 유형에 따라 대화 방식도 달라진다.

스팸 메일도 AI에 의해 더 정교해졌다. 범죄자는 특정 주제나 계층을 타깃으로 하는 이메일을 자동으로 생성하고 전송할 수 있다. AI는 수신자의 언어 습관, 지역, 관심사에 맞는 메일을 구성하고, 기존 스팸 필터를 우회할 수 있도록 표현 방식까지 조정한다. 이러한 자동화 시스템을 활용하면 시간당 수천 건 이상의 맞춤형 메일을 발송하는 것도 가능하다.

사이버 스토킹에도 AI 기술이 활용된다. SNS상의 공개 정보를 수집해 피해자의 사생활을 파악하고, 공포를 유발하는 메시지나 이미지를 생성해 반복적으로 전송하는 식이다. 라마(LLaMA) 같은 오픈 소스 AI 모델을 활용하면, 특정 목적에 맞는 텍스트나 이미지를 직접 생성할 수 있다. 이처럼 접근성이 낮아지면서, 고도의 기술 없이도 스토킹 범죄를 실행할 수 있는 환경이 조성되고 있다.

소셜 미디어 정보 수집과 맞춤형 사기

소셜 미디어는 개인정보의 보물 창고와 같다. 공개된 사진, 위치 정보, 관심사, 친구 관계, 소비 습관 등 다양한 정보가 AI에 의해 분석되어 맞춤형 사기로 이어진다. 예를 들어 여행 사진을 자주 올리는 사람에겐 항공사나 호텔을 사칭한 피싱 메시지를, 반려동물 사진을 자주 올리는 사람에겐 동물병원을 사칭한 긴급 문자를 보낼 수 있다.

가장 위험한 것은 피해자 주변 인물을 흉내 내는 방식이다. AI는 피해자의 가족이나 친구의 말투, 표현 습관, 대화 스타일을 학습해 마치 실존 인물인 것처럼 행동한다. 실제 가족이 보낸 것처럼 보이는 메시지 속에 "갑자기 급전이 필요해"라는 말을 넣고, 개인적인 기억까지 언급하면 피해자는 의심 없이 송금하게 된다.

또한, AI는 소셜 미디어에서 수집한 정보를 바탕으로 정치적 성향, 소비 패턴 등을 파악해 맞춤형 허위 콘텐츠를 생성할 수 있다. 2023년 미국에서는 펜타곤 근처에서 폭발이 일어났다는 가짜 사진이 트위터에 퍼지면서, 주가가 일시적으로 하락하는 일이 있었다. 이는 AI로 생성된 가짜 이미지였지만 많은 사용자가 실제로 벌어진 일이라고 착각했다.

딥페이크 기술의 위협도 갈수록 커지고 있다. 같은 해, 배우 톰 크루즈가 국제올림픽위원회를 비판하는 영상이 텔레그램에 퍼졌는데, 이는 그의 외모와 목소리를 AI가 정교하게 모사한 가짜 영상이었다. 이러한 영상은 유명인의 명성을 악용해 정보를 더 빠르고 널리 퍼뜨리며, 사실 여부를 확인하기 어렵게 만든다.

AI 기반 피싱과 침해 범죄의 현실

정보 통신망 침해와 서비스 거부 공격

AI는 기존의 해킹 기법에 자동화와 적응성을 더해 침입과 공격의 수준을 한층 높이고 있다. 특히 서비스 거부 공격(DoS, DDoS)은 AI의 지원을 통해 더욱 빠르고 효과적으로 수행될 수 있다. 이 공격은 시스템에 대량의 요청을 보내 과부하를 일으키고, 결국 정당한 사용자가 서비스를 이용하지 못하도록 만드는 방식이다.

생성형 AI를 활용하면 공격에 필요한 악성 요청이나 트래픽을 신속하게 만들어 낼 수 있다. 예를 들어 생성적 적대 신경망(GAN, Generative Adversarial Network)을 기반으로 한 연구에서는 침입 탐지 시스템(IDS)을 우회하는 트래픽을 성공적으로 생성한 사례도 있다. 이런 방식은 기존 보안 시스템이 탐지할 수 없는 '새로운 유형'의 공격을 만들어 낸다는 점에서 위험하다.

IDSGAN(Intrusion Detection System GAN, 침입 탐지 시스템 GAN)이라는 프레임워크는 이런 AI 기반 공격의 대표적인 사례다(Lin et al., 2018). 이 시스템은 실제 보안 설루션들이 감지하지 못하도록 설계된 악성 트래픽을 만들어 내며, 탐지율을 80% 이상에서 1% 미만으로 떨어뜨리는 성능을 보였다. 이는 현재 사용되는 탐지 기술들이 AI가 만든 적대적 패턴에 얼마나 쉽게 무력화될 수 있는지를 보여 준다.

악성 프로그램 제작 분야에서도 AI의 활용이 늘고 있다. 과거에는 전문 지식이 필요했지만, 이제는 대화형 AI를 통해 비전문가도 악성 코드나 피싱 메일을 손쉽게 생성할 수 있다. 앞에서 다룬 웜지피티(WormGPT) 같은 이름으로 알려진 비공식 AI 도구가 대표적인 사례다. 더 나아가, AI는 우회적인 지시를 통해 일반 AI 서비스에서도 위험한 코드 작성을 가능하게 만들 수 있다. 예를 들어 직접적으로 "주민등록번호 생성 코드를 만들어 달라"

는 요청은 거절되지만, 이를 우회적으로 표현할 경우, AI가 결과를 제공하는 경우도 있다. 이런 방식은 AI 서비스의 보안 정책이 여전히 미흡하다는 점을 보여 준다.

AI 모델 자체를 노리는 공격들

AI 모델 자체를 대상으로 한 공격도 빠르게 늘고 있다. 표면적으로는 서비스를 이용하는 것처럼 보이지만, 실제로는 모델의 동작 원리나 내부 정보를 노리는 정교한 공격들이 존재한다. 여기에는 인공지능 모델의 학습 데이터, 파라미터, API, 클라우드 인프라까지 다양한 요소가 포함된다.

대표적인 사례 중 하나는 독성 주입(Poisoning Attack)이다(Vincent, 2016). 이 공격은 AI 학습 데이터에 악의적인 정보를 섞어 넣는 방식이다. 2016년 마이크로소프트의 챗봇 테이(Tay)는 사용자들이 고의로 악성 발언을 학습시킨 결과, 인종 차별적이고 혐오적인 발언을 내뱉는 수준으로 변질된 바 있다. 이 사례는 상호작용 기반 학습 시스템이 어떻게 오염될 수 있는지를 극명하게 보여 준다.

또 다른 공격 유형은 회피 공격(Evasion Attack)이다. 이는 AI 모델이 잘못된 판단을 내리도록 입력값을 조작하는 방식이다. 예를 들어, 이미지 인식 시스템에 아주 미세한 픽셀 변화를 가하면 전혀 다른 물체로 인식하게 만들 수 있다. 이런 공격은 '적대적 예시(adversarial example)'를 생성해, 보안 시스템을 우회하거나 오작동하게 하는 데 사용된다(Szegedy et al., 2013).

모델 추출(Extraction Attack)도 심각한 위협이다. 공격자는 AI의 입력값과 출력값만을 가지고 내부 모델을 흉내 내는 시스템을 만들 수 있다(안상선, 2024). 예컨대, 상업용 AI API 서비스를 반복적으로 호출하면서 얻은 정보를 통해 동일한 성능의 유사 모델을 복제할 수 있다. 이는 AI 기업의 지식 자산을 훔치는 행위에 해당하며, 사용 요금 손실과 신뢰도 하락으로 이어질 수 있다.

개인정보 유출과 멤버십 추론 공격

AI 모델에 저장된 학습 데이터를 역으로 유추하는 공격도 있다. 이를 멤버십 추론(Inference Attack)이라고 한다. 공격자는 AI 모델의 출력값을 분석해 특정 입력값이 학습 데이터에 포함되었는지를 알아낸다(Shokri et al., 2017). 예컨대, 얼굴 인식 모델을 상대로 특정 인물이 학습에 사용되었는지를 추론하거나, 의료 AI를 통해 어떤 질병 정보가 사용되었는지 파악할 수 있다.

실제 연구에서는 일부 클라우드 AI 서비스의 API를 통해 학습에 사용된 사람의 얼굴 이미지를 역으로 추출해 내는 데 성공한 사례도 있었다. 이는 AI가 개인정보나 민감한 바이오 데이터를 다룰 경우, 그 자체가 새로운 형태의 개인정보 유출 통로가 될 수 있다는 점을 시사한다.

이런 위협은 의료, 금융, 교육, 노동 등 다양한 영역에서 심각한 결과를 초래할 수 있다. 의료 AI에서는 특정 환자의 질환 정보가 노출될 수 있고, 금융 AI에서는 거래 내역이나 신용 정보가 드러날 가능성이 있다. 고용이나 보험 심사와 연계될 경우, 차별의 근거로 악용될 수도 있다.

더 나아가 악의적 재학습 공격은 AI 시스템 자체를 조작하는 방식이다. 공격자는 특정 서비스의 데이터세트나 설정값을 변경해, 원래 의도와 다른 출력을 하도록 AI를 재학습시킨다. 이론상으로는 드론, 자율주행차, 보안 시스템 등의 AI가 잘못된 판단을 하도록 조작할 수 있으며, 물리적인 피해로 이어질 가능성도 존재한다. 다만 실제 사례는 아직 드물지만, 기술이 고도화될수록 이 위험은 더 현실적인 위협으로 부각될 수 있다.

참고문헌

안상선(2024). 금융 분야의 이상탐지 모델 보안을 위한 통계 기반의 적대적 데이터 대응 방안 - 실증적 분석과 시뮬레이션 결과. 《미래사회》, 15(3), 147-166쪽, https://www.kci.go.kr/kciportal/ci/sereArticleSearch/ciSereArtiView.kci?sereArticleSearchBean.artiId=ART003132495

Lin, Z. et al.(2018.9.6). IDSGAN: Generative adversarial networks for attack generation against intrusion detection. *ArXiv,* https://arxiv.org/abs/1809.02077

Shokri, R. et al.(2017.6.26). Membership inference attacks against machine learning models. *IEEE Symposium on Security and Privacy,* https://ieeexplore.ieee.org/document/7958568

Szegedy, C. et al.(2013.12.21). Intriguing properties of neural networks. *ArXiv,* https://arxiv.org/abs/1312.6199

Vincent, J.(2016.3.24). Twitter taught Microsoft's AI chatbot to be a racist asshole in less than a day. *The Verge.* https://www.theverge.com/2016/3/24/11297050/tay-microsoft-chatbot-racist

05
끊임없는 진화, AI 기반 자동화 공격의 세계

이제 공격은 사람 대신 AI가 맡는다. 24시간 쉬지 않고 취약점을 검색하고, 스스로 전략을 수립하며, 방어 체계의 반응을 실시간으로 분석해 우회 경로를 찾아낸다. 공격은 점점 정교해지고 자동화된다. 마치 공장에서 수작업을 로봇이 대체하듯, 사이버 공격도 '디지털 로봇'에 의해 움직이는 시대가 된 것이다.

AI 콘텐츠 크리에이터?

AI 공격의 새로운 패러다임

수작업에서 자동화로: 해킹의 진화

과거 사이버 공격은 해커 한 사람이 직접 코드를 작성하고 시스템에 침투했다. 취약점을 수작업으로 탐색하고, 일일이 명령어를 실행하는 방식이 일반적이었다. 이른바 '기술자형 해커'는 뛰어난 실력과 집요함으로 무장했지만, 그만큼 시간과 노력이 많이 들어갔다. 무엇보다 보안 시스템이 이들의 패턴을 학습하면 방어가 가능해졌기에, 대규모 공격은 쉽지 않았다.

하지만 인공지능의 도입은 이 흐름을 완전히 뒤바꿔 놓았다. 이제 공격은 사람 대신 AI가 맡는다. 24시간 쉬지 않고 취약점을 검색하고, 스스로 전략을 수립하며, 방어 체계의 반응을 실시간으로 분석해 우회 경로를 찾아낸다. 공격은 점점 정교해지고 자동화된다. 마치 공장에서 수작업을 로봇이 대체하듯, 사이버 공격도 '디지털 로봇'에 의해 움직이는 시대가 된 것이다.

AI 공격의 자동화 5단계

AI 기반 공격은 무작위가 아니다. 전형적인 5단계 자동화 과정(조성제, 2024)을 거쳐 치밀하게 실행된다.

1단계는 '표적 식별과 정보 수집'이다. AI는 웹사이트, 소셜 미디어, 공개 데이터베이스를 자동으로 탐색하며, 대상에 대한 텍스트, 이미지, 메타데이터를 수집한다. 최근에는 자연어 처리(NLP)와 이미지 인식 기술을 활용해 대상의 행동, 언어 습관, 직무 정보 등까지 정교하게 파악할 수 있다. 예를 들어 특정 임원이 특정 골프장에 자주 간다는 사실을 인스타그램 사진을 통해 알아내는 식이다.

2단계는 '공격 시나리오 생성'이다. 대규모 언어 모델이 수집된 데이터를 바탕으로 개인 맞춤형 공격 메시지를 만든다. 단순한 피싱 메일이 아니라, 표적의 관심사, 직업, 대화 습관에 최적화된 설득력 있는 콘텐츠가 생성된다. 프로젝트 협업 요청처럼 보이거나, 친구를 사칭한 메시지로 위장하는 등 수신자의 경계를 무너뜨리는 데 집중한다.

3단계는 '공격 실행'이다. 이메일, 문자, 메신저, 음성 통화 등 다양한 채널을 활용해 공격이 수행된다. 이 과정 역시 자동화돼 있으며, 실패할 경우 즉각 다른 경로로 재시도할 수 있도록 구성되어 있다.

4단계는 '반응 분석과 적응'이다. 공격이 차단되면, AI는 어떤 요소가 탐지되었는지를 파악하고, 메시지 구성이나 전송 방식 등을 바꿔 다시 시도한다. 이는 방어 측이 반응하는 방식을 실시간 학습하며, 대응 전략을 조정하는 특징을 가진다.

5단계는 '후속 공격 최적화'다. 한 차례의 공격에서 얻은 데이터를 기반으로 다음 공격이 더 정교하게 설계된다. 예를 들어 표적이 특정 링크는 클릭하지 않았지만 첨부 파일은 열었다면, 이후에는 문서 파일 위주로 공격을 조정하는 식이다.

이처럼 AI 기반 공격은 단순한 반복이 아니라, 지속적인 '적응형 자동화'를 통해 진화한다.

실시간 학습과 끝없는 적응

AI 공격의 가장 두드러진 특징은 '실시간 학습'과 '자기 진화'다. 기존의 공격 툴은 일단 탐지되면 쓸모가 없어졌지만, AI는 상황에 맞춰 새로운 표현과 방식을 즉석에서 생성해 낸다. 예컨대 스팸 필터가 특정 문장을 차단하면, AI는 같은 의미를 가진 새로운 문장을 만들어 공격을 이어간다.

그뿐만 아니라 공격 주기와 수법도 예측을 어렵게 만든다. AI는 공격 간격을 불규칙하게 조정하고, 이메일, SNS, 메신저 등 다양한 경로를 동시다발적으로 활용해 방어 시스템의 허점을 노린다. 한 번의 실패가 끝이 아니라, 다음 공격을 위한 데이터로 활용되는 것이다.

이러한 방식은 바이러스의 변이처럼, 방어 시스템이 업데이트되면 그에 맞춰 공격도 즉각 진화하는 '디지털 진화 시스템'으로 작동한다. 결과적으로 방어와 공격 간의 소모전은 점점 치열해지고, 보안의 경계는 더욱 불투명해지고 있다.

진화하는 공격 기법들

지능형 랜섬웨어의 부상

기존의 랜섬웨어는 무차별적으로 파일을 암호화하고, '돈을 보내라'는 단순한 협박 메시지를 띄우는 수준이었다. 하지만 최근 등장한 AI 기반 랜섬웨어는 훨씬 정교하다. 공격은 무작위가 아니라, 침투한 시스템을 먼저 분석하는 것으로 시작된다. 어떤 파일이 중요한지, 백업 시스템이 있는지, 네트워크 구조는 어떻게 되어 있는지를 파악해 '가장 치명적인 부위'를 타격한다.

예를 들면, 어떤 서버에 기업 회계 파일이 몰려 있고, 해당 서버에는 백업이 없는 상황이라면, AI는 이곳을 우선 암호화한다. 동시에 보안 설루션의 작동 상태, 관리자 계정 권한, 방화벽 구성 등을 분석해 탐지를 피할 수 있는 우회 경로를 선택한다. 그 결과, 피해자는 백업도, 복구도 불가능한 상황에 놓이게 된다.

더 나아가 AI는 협상 전략에도 개입한다. 과거엔 정해진 문구만 반복하던 랜섬 메시지가 이제는 '대화형'으로 진화했다. 공격자는 피해자와의 대화를 통해 지불 능력을 가늠하고, 기업의 규모나 데이터 가치에 따라 몸값을 조정한다. 피해자의 반응을 학습한 AI는 어떤 표현이 협박에 효과적인지, 어떤 심리 압박이 통하는지를 실시간으로 파악해 대응한다.

소셜 미디어 여론 조작과 정보 전쟁

AI는 여론 형성과 정보 유통의 장인 소셜 미디어에서도 강력한 공격 도구로 변모하고 있다. 단순한 악성 댓글이나 봇 계정을 넘어, 수천 개의 가짜 계정이 실제 사용자처럼 활동하며, 정교한 여론 조작을 수행한다. 이 계정들은 각각 개별적인 성격, 관심사, 말투를 가지고 있으며, 서로 '좋아요'를 누르고 댓글을 주고받으며 신뢰를 쌓는다. 외형상 봇으로 보이지 않기 때문에 탐지가 매우 어렵다(Oxford Internet Institute, 2021).

이러한 네트워크는 특정 정치 이슈, 사회적 논란, 선

거 등에 영향을 미칠 수 있다. 예컨대 특정 정책에 대한 부정적 여론이 갑자기 소셜 미디어를 통해 확산될 때, 그 기저에는 AI가 조율한 여론 공작이 존재할 수 있다. 이들은 댓글, 밈(meme), 영상, 짧은 인터뷰 영상 등 다양한 콘텐츠를 만들어 여론을 한 방향으로 유도한다.

AI는 이 과정에서 실시간으로 여론 흐름을 분석하고, 가장 영향력 있는 표현 방식과 타이밍을 선택해 공격을 실행한다. 특히 개인별 정치 성향, 감정 상태, 검색 기록 등을 분석해 '맞춤형 선동 콘텐츠'를 제공하기도 한다. 사용자는 자신이 조작된 정보에 노출되고 있다는 사실조차 인지하지 못한 채 사고방식이 조금씩 변화한다.

참고문헌

조성제(2024.12.4). 인공지능을 이용한 사이버 공격 패러다임과 대응기술 동향. 정보통신기획평가원. 《IITP 주간기술동향》, 2158, https://www.itfind.or.kr/publication/regular/weeklytrend/weekly/list.do?selectedId=1343

Oxford Internet Institute(2021.1.13). Industrialized disinformation: 020 Global inventory of organized social media manipulation, https://demtech.oii.ox.ac.uk/research/posts/industrialized-disinformation/

06
AI 감시와 프라이버시의 위기

AI 기반 감시는 기존의 인력 의존적 방식과 달리 24시간 지속적인 모니터링과 수백만 명의 데이터 실시간 처리가 가능하다. 이 기술은 단순히 과거를 기록하는 데 그치지 않고, 패턴 인식과 예측 알고리즘을 활용해 미래를 예측하고 사전에 통제한다. 이는 감시의 초점이 '사후 대응'에서 '사전 예방'으로 이동하고 있음을 보여 주며, 감시의 범위와 권한에 대한 새로운 사회적 논의가 필요하다는 문제의식을 던진다.

AI와 민주주의?

일상 속 보이지 않는 감시의 눈

AI 감시 기술의 일상화

현대 사회에서 AI 감시 기술은 일상에 깊숙이 스며들었다. 지하철역의 CCTV는 얼굴 인식으로 이동 경로를 추적하고, 쇼핑몰에서는 행동 분석 알고리즘이 구매 패턴을 실시간 분석한다. 스마트폰 앱은 위치 정보를 수집하고, 음성 비서는 사용자 대화를 상시 수집한다. 이러한 변화는 단순한 기술 발전을 넘어, 사회의 감시 구조 자체를 근본적으로 변화시키고 있다. 2019년 기준 전 세계 75개국 이상에서 AI 감시 시스템이 도입되었으며(Feldstein, 2019), 팬데믹을 계기로 마스크 착용 감지나 위치 추적 등 감시 기술의 일상화가 더욱 가속화되었다.

AI 기반 감시는 기존의 인력 의존적 방식과 달리 24시간 지속적인 모니터링과 수백만 명의 데이터 실시간 처리가 가능하다. 이 기술은 단순히 과거를 기록하는 데 그치지 않고, 패턴 인식과 예측 알고리즘을 활용해 미래를 예측하고 사전에 통제한다. 이는 감시의 초점이 '사후 대응'에서 '사전 예방'으로 이동하고 있음을 보여 주며, 감시의 범위와 권한에 대한 새로운 사회적 논의가 필요하다는 문제의식을 던진다.

지능형 감시 시스템의 작동 원리

AI 기반 감시 시스템은 데이터 수집, 분석, 판단의 세 단계로 구성된다. 먼저 CCTV, 센서, 스마트폰, IoT(사물인터넷) 기기 등을 통해 얼굴 이미지, 위치 정보, 행동 패턴 등 다양한 개인정보를 수집한다. 이 과정은 대부분 비가시적이며, 개인은 자신의 정보가 어떻게 수집되고 있는지조차 알지 못하는 경우가 많다. 수집된 데이터는 모두 디지털화되어 저장되며, 감시의 기반이 된다.

그다음 단계로 머신 러닝과 딥 러닝 알고리즘이 데이터를 자동 분석하고, 이를 바탕으로 판단까지 이뤄진다. 예를 들어 안면 인식 기술은 얼굴 특징을 수치화해 특정 인물을 식별하고, 행동 분석 알고리즘은 이상 행동을 감지한다. 위치 정보는 정밀하게 추적되어 움직임을 예측할 수 있으며, 공항 보안이나 스마트 치안 시스템은 이를 통해 사전 대응을 시도한다. 이러한 일련의 자동화된 결정 과정에서 개인은 알고리즘의 작동 원리나 판단 기준을 전혀 알 수 없는 상태에 놓이게 된다.

편리함 뒤에 숨은 정보 수집의 그림자

AI 감시 기술의 확산은 편의성과 효율성이라는 분명한 이점에서 비롯된다. 얼굴 인식을 통한 스마트폰 잠금 해제, 개인 맞춤형 교통 정보 제공, 쇼핑 추천 시스템은 일상을 보다 편리하게 만들어 준다. 또한 범죄 예방이나 재난 대응 분야에서도 AI 감시는 긍정적인 성과를 보인다. 예를 들어 혼잡도 예측으로 지하철 사고를 방지하거나, 화재 감지 시스템으로 초기 대응이 가능해지는 식이다.

그러나 이러한 편리함 뒤에는 방대한 개인정보 수집이라는 그림자가 존재한다. 무료로 제공되는 대부분의 디지털 서비스는 사용자 정보를 기반으로 수익을 창출하며, 구글, 페이스북, 아마존 등의 기업은 검색 기록, 소셜 미디어 활동, 소비 내역 등을 종합해 정교한 개인 프로파일을 만든다. 문제는 이 정보들이 사용자의 명확한 동의 없이 수집되거나, 수집 목적과 다르게 활용된다는 데 있다. 복잡한 동의 절차는 사실상 형식적이며, 코로나19나 의료 정보처럼 민감한 데이터가 다른 목적으로 전용되는 사례도 지속적으로 나타나고 있다.

개인정보 수집과 활용의 숨겨진 구조

데이터 수집의 다양한 경로

현대 사회에서 개인정보는 다양한 방식으로 수집된다. 가장 직접적인 방식은 온라인 서비스 가입 시 사용자가 입력하는 정보이며, 이름, 연락처는 물론 관심사와 직업 같은 선택적 정보까지 포함된다. SNS에서는 프로필뿐만 아니라 게시물, 댓글, 좋아요, 친구 관계 등 모든 활동이 기록되고 분석된다. 한편 간접적인 수집은 더 은밀하게 이뤄지는데, 웹사이트의 쿠키나 픽셀 태그가 사용자의 온라인 행동을 추적하고, 모바일 앱은 위치 정보와 통화 기록, 사진 등을 수집한다. IoT 기기 역시 음성 명령이나 사용 패턴을 클라우드 서버에 전송하고, 오프라인 매장에서의 카드 사용 정보도 디지털 프로파일에 반영된다.

또한 데이터 브로커들은 다양한 출처의 정보를 종합해 매우 정교한 개인 프로파일을 구축한다. 공공 기록, 상업 거래, 온라인 설문 등에서 수집된 정보는 개인의 소득 수준, 건강 상태, 소비 성향, 심지어 정치적 성향까지 포함하며, 이는 마케팅, 보험, 금융 분야에서 맞춤형 서비스나 차별적 대우의 근거로 활용된다. 이처럼 오늘날 개인정보는 일상 속 거의 모든 활동에서 끊임없이 수집되고 가공되며, 개인의 통제 밖에서 유통되는 구조를 갖고 있다.

알고리즘이 만드는 디지털 인격

AI 알고리즘은 수집된 개인정보를 바탕으로 개인의 '디지털 인격'을 형성한다. 이는 검색 기록, 위치 정보, 소비 내역, 소셜 미디어 활동 등을 종합해 성향, 건강 상태, 신용도 등을 예측한 가상의 정체성이다. 문제는 이 디지털 인격이 실제 개인과 다를 수 있으며, 알고리즘은 맥락을 고려하지 못한 채 단편적 데이터를 기반으로 오판할 수 있다는 점이다. 예컨대 가족을 위한 건강용품 검색이 '본인의 질병'으로 해석되거나, 특정 주제 검색이 개인의 관심으로 간주되는 경우처럼 말이다.

이렇게 생성된 디지털 프로파일은 다양한 분야에서 의사 결정에 활용되며, 개인은 자신도 모르게 그 결과에 영향을 받는다. 특히 정교한 프로파일링 기술은 사람의 행동을 예측하거나 조작하는 수준에 이르렀다. 영국 데이터 분석 회사인 '케임브리지 애널리티카(Cambridge Analytica)'가 수백만 명의 페이스북 사용자의 개인정보를 동의 없이 수집해 정치 광고에 활용한 사례는, 알고리즘이 민주적 의사 결정을 침해할 수 있다는 점을 명확히 보여 준다. 결국 개인은 자신의 정체성이 왜곡된 채, 보이지 않는 알고리즘에 의해 행동을 유도당할 위험에 놓여 있다.

정보 활용의 불투명한 생태계

수집된 개인정보의 활용 방식은 일반 사용자에게 거의 알려지지 않는다. 기업들은 '서비스 개선', '마케팅 활용' 등 모호한 표현으로 활용 목적을 제시해 실제 용도를 파악하기 어렵게 만든다. 특히 제3자 제공이나 위탁 처리 과정에서는 정보의 이동 경로조차 추적이 어려우며, 사용자 입장에서는 자신의 정보가 어디로 흘러가고 있는지 알 길이 없다. 이처럼 불투명한 구조 속에서 개인정보는 사용자 동의와 무관하게 기업들의 수익 수단으로 활용되고 있다.

개인정보 거래 시장은 이미 거대한 산업으로 성장했으며, 글로벌 데이터 브로커 산업의 규모는 연간 2,000억 달러에 이른다. 수많은 기업이 개인의 동의 없이 공개 정보를 수집하거나 여러 출처의 데이터를 결합해 정교한 프로파일을 구축하고, 이를 보험, 금융, 채용 등 다양한 분야에서 활용한다. 더 나아가 GPS 정보나 건강 데이터가 수사나 인사 결정 등에 이용되는 등 수집 목적과 다른 방식으로 사용되는 사례도 늘고 있다. 이는 약관의 모호한 조항을 근거로 합법처럼 포장되지만, 사실상 심각한 프라이버시 침해에 해당한다.

참고문헌

Feldstein, S.(2019.9.17). The global expansion of AI surveillance. Carnegie endowment for international peace, https://carnegieendowment.org/research/2019/09/the-global-expansion-of-ai-surveillance?lang=en

07
AI와 금융 범죄

과거 금융 범죄는 사람 간의 접촉이나 물리적 접근을 전제로 했고, 추적이 상대적으로 용이했다. 그러나 AI와 암호 화폐의 결합은 익명성과 자동화를 기반으로, 전례 없는 수준의 은닉성과 확장성을 제공한다. 여기에 비대면 사회의 확산은 공격 표면을 넓히고, 새로운 범죄 모델의 토대를 제공하고 있다. 이러한 변화는 범죄의 '패러다임 전환'을 의미한다. 기술은 범죄를 더 정교하고 체계적으로 만들었으며, 단순한 범죄 수법의 변화가 아닌 범죄 실행 프레임 자체의 재구성을 이끌었다.

AI와 애니메이션?

AI 시대의 금융 범죄 프레임워크: 기술이 바꾼 범죄의 구조

기술 융합이 바꾼 범죄의 환경

디지털 금융 생태계는 인공지능, 암호 화폐, 비대면 기술이라는 세 가지 축을 중심으로 빠르게 재편되고 있다. 이 기술들은 금융 서비스를 더 빠르고 효율적으로 만들었지만, 동시에 새로운 형태의 범죄를 가능케 했다(한국금융연구원, 2024). 기술은 단순히 도구가 아니라, 범죄 실행의 비용 · 속도 · 규모를 구조적으로 변화시킨 요소다.

과거 금융 범죄는 사람 간의 접촉이나 물리적 접근을 전제로 했고, 추적이 상대적으로 용이했다. 그러나 AI와 암호 화폐의 결합은 익명성과 자동화를 기반으로, 전례 없는 수준의 은닉성과 확장성을 제공한다. 여기에 비대면 사회의 확산은 공격 표면을 넓히고, 새로운 범죄 모델의 토대를 제공하고 있다(한국금융연구원, 2024).

이러한 변화는 범죄의 '패러다임 전환'을 의미한다. 기술은 범죄를 더 정교하고 체계적으로 만들었으며, 단순한 범죄 수법의 변화가 아닌 범죄 실행 프레임 자체의 재구성을 이끌었다.

과거의 범죄 프레임은 '사람이 직접 실행하고, 실시간

대응이 가능한 범죄'였다. 예컨대, 사기범은 직접 피해자에게 접근하고 설득해야 했고, 자금 이동은 은행 기록을 통해 쉽게 추적될 수 있었다. 범죄는 비교적 좁은 범위에서, 수작업 형태로 이뤄졌다. 범죄 실행과 수익 실현 사이에는 시간적·공간적 제약이 있었다.

반면, 새로운 프레임에서는 AI가 공격을 자동화하고, 암호 화폐가 자금 흐름을 익명화하며, 비대면 기술이 공격 대상을 무제한 확장할 수 있다. 범죄자는 화면 너머에서 한 번의 명령으로 수천 명을 동시에 공격하고, 성공한 자금을 실시간으로 세탁할 수 있다. 범죄는 더 이상 일회성 행위가 아니라, 지속적이고 반복 가능한 시스템이 되었다. 기술 융합은 범죄를 '사건'에서 '플랫폼'으로 바꾼 셈이다.

암호 화폐가 만든 추적 불가능한 수익 구조

AI가 공격을 실행하는 기술이라면, 암호 화폐는 그 결과물을 보존하고 활용하는 수단이다. 탈중앙화와 익명성을 특징으로 하는 암호 화폐는 기존 금융 시스템의 감시 체계를 우회하게 한다. 이로 인해 범죄 수익의 세탁과 은닉이 훨씬 쉬워졌다.

특히 믹싱 서비스, 프라이버시 코인, 해외 거래소 등

을 활용하면 자금 흐름의 추적은 거의 불가능에 가까워진다. 공격 수익을 실시간으로 암호 화폐로 전환하고, 이를 다시 분산된 지갑에 나눠 저장하면 수사 기관의 추적은 실질적으로 무력화된다.

'믹싱 서비스'란 여러 사용자의 암호 화폐를 한데 모아 섞은 뒤 다시 나눠 보내는 방식으로, 거래 경로를 추적 불가능하게 만드는 기술이다(Wikipedia). 예를 들어 100명이 각각 1코인을 보내면, 이를 뒤섞은 후 임의의 순서로 다시 배분해 원래 보낸 사람과 받은 사람을 연결 짓기 어렵게 만든다. 이 과정을 자동화한 플랫폼들이 다크 웹에서 활발히 운영되고 있으며, 범죄 수익 은닉에 자주 활용된다. 다크 웹은 암호화된 네트워크에 존재하며, 특수한 경로로만 접근이 가능한 특정 부류의 웹사이트다. 일반적인 검색 엔진으로는 찾을 수 없으며, 익명성이 보장되는 특징 때문에 사이버 범죄의 온상으로 악용되는 경우가 많다.

'프라이버시 코인'은 트랜잭션 자체를 암호화해 외부에서 전송 내역을 볼 수 없게 설계된 암호 화폐다. 대표적으로 모네로(Monero), 지캐시(Zcash) 등이 있다. 이들 코인은 비트코인처럼 공개 장부에 기록되지 않기 때문에, 블록체인 분석 기술로도 송수신자 추적이 어렵다. 실제로

2020년 한국의 'N번방' 사건에서는 범죄자가 회원들에게 가입비를 모네로로 받았는데, 이는 거래 추적을 피하기 위한 수단이었다. AML(Anti-Money Laundering, 자금 세탁 방지)은 불법 자금 세탁을 적발 · 예방하기 위한 국제적인 법적 · 제도적 장치로, 사법 제도, 금융 제도, 국제 협력을 연계하는 종합 관리 시스템을 뜻한다.

결과적으로 암호 화폐는 단순한 결제 수단을 넘어, 범죄 수익의 은닉 · 분산 · 자동화까지 가능한 종합적 세탁 시스템으로 기능하고 있다. 또한 스마트 계약 기술을 활용하면 공격이 성공했을 때 자동으로 수익을 분배하거나, 서비스형 범죄(CaaS, Crime as a Service) 모델을 만들 수 있다(포티넷, 2024). 서비스형 사이버 범죄(CaaS, Cybercrime as a Service)는 사이버 범죄자들이 악성 코드, 스팸, DDoS 공격 등 사이버 공격에 필요한 도구나 서비스를 다른 사람에게 판매하거나 임대하는 것을 의미한다. CaaS는 숙련된 해커가 아니더라도 누구나 쉽게 사이버 공격을 수행할 수 있도록 만들어, 사이버 범죄 확산에 기여하고 있다. 이처럼 암호 화폐는 단순한 결제 수단을 넘어 범죄 수익을 안정적이고 은밀하게 실현하는 구조를 제공한다. 더 나아가, AI가 공격을 통해 생성한 수익이 실시간으로 암호 화폐로 전환되어 추적이 차단

될 경우, 기술의 결합은 수익 실현의 완성 단계까지 자동화하는 치밀한 구조를 만드는 데 악용된다.

비대면 기술과 공격의 일상화

비대면 환경은 공격자에게 두 가지 이점을 준다. 하나는 공격할 수 있는 표적의 범위가 넓어진다는 점이고, 다른 하나는 피해자가 스스로 피해 사실을 인식하기 어렵다는 점이다. 특히 코로나19 이후 사회 전반이 디지털 전환을 가속화하면서, 사람들은 더욱 많은 정보를 온라인에 남기고 있다.

첫 번째 이점인 표적의 범위 확대는 AI의 작동 기반과 직결된다. 비대면 환경에서는 누구나 메신저, 이메일, SNS, 영상 플랫폼 등을 통해 하루에도 수십 번씩 디지털 발자국을 남긴다. 여기서 말하는 디지털 발자국이란, 우리가 온라인에서 남기는 모든 흔적과 기록을 의미한다. 예를 들어, 누군가에게 보낸 메시지, 클릭한 광고, 검색한 단어, 유튜브에서 본 영상, SNS에 올린 사진과 댓글, 로그인 시간과 위치 정보까지 모두 해당된다.

겉보기엔 사소해 보일 수 있지만, 이런 정보들은 축적되면 개인의 관심사, 성향, 인간관계, 생활 패턴을 정교하게 추론할 수 있는 데이터 지문으로 변한다. 특히 AI는 이런 방대한 데이터를 분석해, 특정 인물을 표적화하거나 맞춤형 사기 시나리오를 구성하는 데 활용할 수 있다. 과거처럼 범죄자가 일일이 대상을 물색할 필요 없이, AI가 온라인상의 수많은 사람을 '잠재적 피해자 풀'로 활용하는 셈이다.

두 번째 이점인 피해 인지의 어려움은 공격 방식의 일상화와 위장 전략과 관련이 있다. 대부분의 공격은 피해자가 평소 사용하는 플랫폼을 통해 이뤄지며, 디자인과 메시지 톤도 실제 서비스와 거의 구분되지 않는다. 예컨대 가짜 은행 앱, 택배 안내 문자, 재난 지원금 안내 이메일 등이 모두 익숙한 포맷으로 구성되어 있어, 사용자는 이를 의심하기가 매우 어렵다. 특히, AI가 피해자의 언어 습관이나 시간대까지 고려해 설계한 공격일 경우, 이상 징후를 감지하는 것은 더욱 어렵다.

AI는 이러한 환경에서 데이터를 수집·분석해 표적화된 공격을 정교하게 설계한다. 예를 들어, SNS와 결제 이력을 분석해 특정 시점에 투자 사기를 설계하거나, 영상 통화를 가장해 음성·영상 조작으로 신뢰를 조작할 수도 있다. 피해자는 일상적인 플랫폼에서 공격받기 때문에, 이상을 감지하지 못한 채 심리적 방어선이 무너진 상태로 정보를 노출하게 된다.

결론적으로 비대면 기반 공격은 단순히 기술의 문제가 아니라, 사회 구조의 변화와 깊이 연결되어 있다고 할 수 있다. 따라서 실시간 금융 거래, 자동화된 신용 평가, 원격 채용 등이 일상화될수록 공격의 기회도 함께 늘어난다. 디지털화된 일상은 편리함과 동시에 새로운 리스크를 내포하고 있는 것이다.

AI 기반 암호 화폐 탈취의 메커니즘

표적 식별에서 공격 설계까지: AI의 정밀성

AI 기술은 사이버 범죄의 양상까지 근본적으로 바꾸고 있다. 그중에서도 암호 화폐 탈취는 AI 악용의 대표적이자 가장 정교한 사례로 부상했다. 블록체인의 거래 데이터, SNS 활동, 공개 주소록 등 방대한 데이터를 분석해 수익성 높은 표적을 식별하고, 이들의 심리와 행동 패턴에 최적화된 공격을 자동 설계·실행하는 방식이다.

특히 자연어 처리와 딥페이크 기술을 결합한 맞춤형 피싱은 기존 범죄보다 수십 배 높은 성공률을 보인다. 무엇보다 암호 화폐가 제도화되지 않은 초기 산업 영역인 만큼, 신고나 사후 구제도 어렵고, 소관 기관조차 명확하지 않아 상대적으로 AI 범죄에 취약한 환경이 조성되었다. 이러한 AI 기반 암호 화폐 탈취의 메커니즘은 단순한 기술 악용을 넘어, 글로벌 금융 시스템을 위협하는 새로운 형태의 디지털 공격으로 주목받고 있다.

AI 기반 암호 화폐 탈취는 정교한 표적 식별에서 시작된다. 과거 범죄자들이 제한된 정보에 의존했다면, AI는 소셜 미디어, 블록체인 기록, 거래소 주소록 등 다양한 공개 정보를 수집·분석해 표적의 자산 규모와 보안 수준을 정밀하게 추정한다. 고가의 NFT(Non Fungible Token, 대체 불가능한 토큰) 구매 이력, DeFi(Decentralized Finance, 분산형 금융) 참여 정도, 거래 빈도 등의 패턴을 기반으로 고액 보유자를 선별하고, 공격 성공률까지 예측한다.

선별된 표적에 대해서는 AI가 맞춤형 소셜 엔지니어링 전략을 수립한다. 자연어 처리 기술을 통해 표적의 언어 습관, 관심사, 사회적 관계에 최적화된 피싱 메시지를 자동 생성하며, 딥페이크 영상과 음성을 활용해 신뢰감을 조성한다. 특히 유명 인사의 모습과 어조를 정교하게 재현한 딥페이크는 공격의 설득력을 극대화한다.

공격은 적응적으로 진화한다. 표적이 의심을 보이면 추가 신뢰 요소를 투입하고, 긍정 반응이 감지되면 요구 수준을 높인다. 이렇게 정밀하게 조율되는 전략은 기존 공격보다 월등히 높은 성공률을 보인다.

탈취 이후: AI를 통한 자금 세탁과 추적 회피

암호 화폐를 탈취한 후에도 공격자는 바로 사용할 수 없다. 모든 거래 기록이 공개되는 블록체인의 특성상, 누가 자산을 훔쳤고 어디로 옮겼는지 추적이 가능하기 때문이다. 이에 따라 공격자들은 AI를 이용해 추적을 피하고 자산의 출처를 감추는 과정, 즉 자금 세탁을 수행한다. AI는 보안 기관이나 거래소가 사용하는 분석 도구의 탐지 알고리즘을 학습해, 어떤 거래 패턴이 의심을 사는지 역으로 파악한 뒤 이를 피하는 전략을 세운다.

예를 들어, 한 번에 큰 금액을 옮기면 쉽게 추적되기 때문에 AI는 이를 작은 단위로 쪼개어, 시간을 나누어 여러 경로로 분산 전송한다. 겉보기에 정상 사용자들의 일상적인 거래처럼 보이도록 구성하는 것이다. 이를 통해 감시망을 따돌리고, 블록체인상에서 수십, 수백 건의 일반적인 거래로 위장한다.

이러한 이동 경로와 거래 계획은 AI가 자동으로 설계하고 실행한다. 특히 AI 기반의 '믹싱(Mixing)' 기술은 자금을 여러 지갑과 경로로 복잡하게 나눠 보내는 방식으로, 자산의 원래 출처를 사실상 파악할 수 없게 만든다.

기존 수작업 방식보다 훨씬 정교하며, 자동화된 분석 시스템마저 무력화할 정도로 탐지를 어렵게 만든다.

참고문헌

서병호(2024.4.25). 디지털 금융 범죄 현황과 시사점. 제1회 금융 및 통신 사기방지와 대응을 위한 정책 세미나 발표자료, https://www.kif.re.kr/kif4/publication/seminar_detail?mid=30&nid=0&sid=307&vid=7181&cno=334275

포티넷(2024.12.18). 사이버위협 전망. 보도자료, https://www.fortinet.com/kr/corporate/about-us/newsroom/press-releases/2024/fortinet-cyberthreat-predictions-for-2025

한국금융연구원(2024.2.16). 디지털 금융혁신의 명암과 대응. 《금융브리프》, https://eiec.kdi.re.kr/policy/domesticView.do?ac=0000181955

Wikipedia. 항목 'Cryptocurrency', https://en.wikipedia.org/wiki/Cryptocurrency

08
나만의 디지털 방패 만들기

현실 세계에서 집을 지키기 위해 현관문, 자물쇠, 방범창, CCTV 등을 갖추듯, 디지털 세계에서도 다양한 보안 수단이 복합적으로 작동하는 다층 보안 체계가 필요하다. 하나의 보안 조치로는 충분하지 않으며, 여러 단계의 방어막이 조화를 이뤄야 '디지털 방패'가 완성된다.

AI와 인재 채용?

비밀번호 관리 및 다중 인증

현실 세계에서 집을 지키기 위해 현관문, 자물쇠, 방범창, CCTV 등을 갖추듯, 디지털 세계에서도 다양한 보안 수단이 복합적으로 작동하는 다층 보안 체계가 필요하다. 하나의 보안 조치로는 충분하지 않으며, 여러 단계의 방어막이 조화를 이뤄야 '디지털 방패'가 완성된다. 이를 우리가 사는 집에 비유하면 아래와 같이 문단속을 철저히 하는 것이라 할 수 있다.

- 비밀번호 관리자는 집마다 다른 열쇠를 사용하고, 이를 안전한 열쇠 꾸러미에 보관하는 것과 같다. 하나의 비밀번호를 모든 곳에 사용하는 것은 마치 모든 집에 같은 열쇠를 쓰는 것과 같아 위험하다. 비밀번호 관리자를 활용하면 서비스마다 고유하고 복잡한 비밀번호를 생성하고, 안전하게 저장할 수 있다.
- 이중 인증(2FA, Two-Factor Authentication) 또는 다중 인증(MFA, Multi-Factor Authentication)은 현관문 열쇠와 도어록 같은 별도의 잠금장치를 모두 열어야 집에 들어갈 수 있는 구조와 유사하다. 단순한 비밀번호만으로는 불충분

하며, 문자 인증이나 생체 인식 등 추가적인 인증 절차를 통해 보안을 강화한다. 만약 비밀번호가 유출되더라도 이중 인증이 계정을 최종적으로 보호해 주는 역할을 한다.

• 파일 및 폴더 암호화는 중요한 서류를 금고에 넣고 자물쇠를 채우는 것과 같다. 컴퓨터나 외장 저장 장치가 분실되거나 도난당하더라도, 암호화된 파일은 쉽게 접근할 수 없기 때문에 민감한 정보가 안전하게 보호된다.

인터넷 환경에서의 보안 위협: 브라우저

앞서 본 디지털 방패를 구성하는 기초 보안 도구들이 개인 단위의 보안을 책임진다면, 이제는 우리가 인터넷과 직접 연결되는 통로, '브라우저'의 보안에 주목해야 한다. 브라우저(Browser)는 웹사이트를 열고, 내용을 읽을 수 있게 해 주는 프로그램인데, 오늘날에는 단순히 웹의 내용을 보는 것뿐만 아니라, 이메일 확인, 은행 거래, 클라우드 문서 작업, 쇼핑 등 수많은 민감한 활동이 이뤄지는 디지털 생활의 중심 플랫폼이다.

브라우저 안에는 쿠키, 세션 정보, 자동 저장된 비밀번호, 위치 정보 등 다양한 개인정보가 저장된다. 해커들은 이 정보를 탈취하기 위해 끊임없이 새로운 공격 기법을 개발하고 있으며, 이로 인해 브라우저는 외부 위협이 빈

번히 침입하는 디지털 출입구로 작용하는 경우가 많다.

브라우저에서의 보안 설정 방법

우리가 접속하는 수많은 웹사이트 가운데 일부는 악성 코드나 피싱 링크를 숨기고 있으며, 클릭 한 번으로 개인 정보가 유출될 수도 있다. 따라서 브라우저 보안은 디지털 일상의 출입문을 지키는 최전방 방어선이라 할 수 있다. 이를 위해 "보안 요원"이 필요한데, 브라우저 자체적으로 제공하거나, 외부의 프로그램을 이용한다.

브라우저 자체의 보안 설정 방법으로는 자바스크립트 실행 제한, 쿠키 제어, HTTPS 우선 연결을 정교하게 설정하고, 광고 차단기, 피싱 탐지기, 추적 방지기 등 신뢰할 수 있는 확장 기능을 조합해 사용하는 것이 중요하다. 이러한 조치들은 단순히 '위협을 막는 역할'을 넘어, 공격자의 침입 시도 자체를 무력화하는 전략적 방어로 작동한다.

온라인 거래에서 디지털 방패 만들기

온라인 거래: 해커가 노리는 개인정보의 "금광"

온라인 거래는 해커에게 '가성비 높은 범죄 대상'이다.

군이 물리적으로 침입할 필요 없이, 인터넷을 통해 수많은 사람을 한꺼번에 노릴 수 있기 때문이다. 범죄경제학 관점에서 보면, 해커는 위험은 적고 수익은 큰 대상을 선택하는데, 온라인 거래는 여기에 완벽히 부합한다. 결제 과정에서 이름, 주소, 카드 번호 같은 민감한 정보를 주고받기 때문에, 단 한 번만 시스템을 뚫어도 큰 이득을 얻을 수 있다.

또한 해커가 온라인 거래를 노리는 데에는 구조적인 이유도 크다. 첫째, 온라인 커머스는 전 세계 어디서든 24시간 접속이 가능하다는 특성상, 모든 방문자를 실시간으로 추적하고 검증하는 것이 사실상 불가능하다. 누가 들어왔는지, 어떤 의도를 가졌는지를 상점 운영자가 즉각 파악하기 어려운 구조인 것이다. 이처럼 개방성과 익명성이 보장된 환경은 해커에게 유리한 공격 조건을 제공한다.

둘째, 많은 중소형 쇼핑몰이나 개인 판매자들은 보안에 대한 전문 지식이나 기술적 역량이 부족해 기본적인 방어 체계조차 제대로 갖추지 못한 경우가 많다. 해커 입장에서는 이런 취약한 시스템을 노리는 것이 쉽고 효율적인 전략이 된다.

안전한 온라인 거래 시작, 온라인 상점 확인하기

온라인 거래는 오프라인 거래와 달리, 결제와 상품의 인도가 동시에 이뤄지지 않는다. 대부분 사용자가 먼저 결제를 완료한 뒤에야 상품이 배송되기 때문에, 허위 매물이나 미배송 같은 사기 위험이 상대적으로 높다. 게다가 단순한 상품 사기뿐 아니라, 카드 정보나 개인정보를 탈취할 목적으로 정교하게 꾸며진 허위 사이트들도 존재한다. 이런 구조적 위험 속에서 피해를 막기 위해서는 무엇보다 '믿을 수 있는' 상점을 먼저 구별하는 것이 중요하다. 이를 위해 사용자는 몇 가지 핵심적인 기준을 스스로 점검해야 한다.

믿을 수 있는 상점인지 확인하려면 몇 가지 기본적인 정보를 먼저 살펴봐야 한다. 가장 먼저 확인할 것은 사업자 정보와 연락처다. 쇼핑몰 하단이나 '회사 소개' 페이지에 정식 사업자 등록 번호, 대표자 이름, 사업장 주소, 고객 센터 전화번호 등이 정확히 기재되어 있는지 확인하자. 이런 정보가 없거나 모호하게 표시되어 있다면, 신뢰하기 어려운 곳일 가능성이 높다.

결제 정보를 안전하게 주고받기 위한 기본적인 보안 장치가 갖춰져 있는지도 꼭 확인해야 한다. 예를 들어, 주소창에 자물쇠 모양 아이콘이 보이거나, 웹 주소(URL)

가 'https://'로 시작되는지 확인해 보자. 이는 해당 사이트가 SSL 인증서라는 보안 기술을 사용하고 있다는 표시다. SSL은 사용자의 개인정보나 카드 번호 등이 중간에 가로채이지 않도록 암호화해 전송하는 장치로, 이 기능이 없는 사이트는 해킹이나 정보 유출에 매우 취약하다(Cloudflare).

마지막으로, 온라인 리뷰와 평점도 참고할 수 있다. 하지만 모든 리뷰가 진짜는 아니다. 지나치게 칭찬 일색이거나, 비슷한 문장이 반복되고, 짧은 시간 안에 작성된 리뷰가 몰려 있는 경우에는 가짜일 가능성을 의심해 볼 필요가 있다. 하나의 플랫폼 리뷰만 믿지 말고, 다양한 쇼핑몰 후기나 커뮤니티 글을 함께 확인하는 것이 더 안전하다.

스마트폰 앱에 방패 만들기

최근에는 스마트폰을 통해 쇼핑, 송금, 예약 등 다양한 온라인 거래가 이뤄지면서 모바일 보안의 중요성도 함께 커지고 있다. 스마트폰은 단순한 통화 기기를 넘어, 결제 정보, 주소록, 위치 기록, 사진 등 민감한 개인정보를 다량 저장하는 '개인정보 저장소'가 되었다. 하지만 많은 사용자가 데스크톱 컴퓨터보다 모바일 보안에 더

소홀한 경우가 많다.

앱 설치 시에는 반드시 공식 앱스토어를 이용하는 것이 기본 원칙이다. 구글 플레이 스토어나 애플 앱 스토어는 앱 등록 시 보안 심사를 거치기 때문에, 악성 앱이 유통될 가능성이 낮다. 반면, 인터넷에서 내려받은 APK 파일이나, 출처가 불분명한 앱을 설치하는 '사이드로딩(Sideloading)' 방식은 악성 코드나 정보 탈취의 위험이 크기 때문에 반드시 피해야 한다.

앱 권한 설정도 꼼꼼히 확인해야 한다. 예를 들어 단순한 쇼핑 앱이 전화번호부나 마이크 접근 권한을 요구하거나, 게임 앱이 위치 정보에 접근하려는 경우는 의심해 볼 필요가 있다. 앱의 기능과 관계없는 과도한 권한 요청은 개인정보 유출로 이어질 수 있으므로, 꼭 필요한 권한 외에는 거부하는 것이 안전하다.

보안 도구와 설정 최적화

보안 도구는 설치만으로 충분하지 않다. 실질적인 방어 효과를 유지하려면 정기적인 점검과 유지 관리가 필수적이다. 먼저, 안티바이러스 프로그램의 실시간 보호 기능이 활성화되어 있는지 확인하고, 바이러스 정의 파일이 최신 상태로 업데이트되어 있는지 주기적으로 점검해야 한다. 또한, 정기적인 전체 시스템 스캔을 실행해 잠복해 있는 악성 코드를 탐지해야 한다.

방화벽 설정도 중요한 점검 항목이다. 윈도 디펜더(Windows Defender) 방화벽이나 타사 방화벽이 제대로 작동하고 있는지 확인하고, 불필요한 포트가 열려 있지 않은지, 허용된 프로그램 목록에 의심스러운 항목이 포함되어 있지 않은지 검토해야 한다. 웹 브라우저 보안도 소홀히 해서는 안 된다. 현재 설치된 보안 확장 프로그램이 최신 버전으로 유지되고 있는지 확인하고, 필터 목록 또한 정기적으로 업데이트해야 한다. 아울러, 더 이상 사용하지 않는 확장 프로그램은 제거함으로써 불필요한 공격 표면을 줄여야 한다.

제로 트러스트 보안 모델의 개인 적용

제로 트러스트(Zero Trust)는 "기본적으로 신뢰하지 않고, 항상 검증한다"는 보안 철학이다(Google Cloud). 원래 기업 보안 전략으로 등장했지만, 오늘날에는 개인 디지털 환경에서도 충분히 적용 가능하다.

먼저, 네트워크에 대한 제로 트러스트 접근이 필요하다. 집의 와이파이라고 해서 무조건 안전하다고 가정해서는 안 된다. 가족 구성원의 기기가 악성 코드에 감염되었거나, 스마트 TV나 IoT(사물인터넷) 가전처럼 보안에 취약한 장치들이 외부 공격의 경로가 될 수 있기 때문이다. 중요한 금융 거래나 업무를 할 때는 VPN(가상 사설망)을 통해 암호화된 접속 환경을 마련해 추가적인 보안 계층을 확보해야 한다.

다음은 기기 자체에 대한 제로 트러스트 원칙이다. 내 스마트폰이나 노트북이라고 해서 완전히 신뢰할 수는 없다. 정기적인 악성 코드 검사와 보안 점검, 그리고 수상한 프로그램이나 비정상적인 시스템 동작 모니터링이 필요하다. 또한 사용자 권한 관리도 중요하다. 관리자 권한은 꼭 필요한 경우에만 사용하고, 평소에는 일반 사용자 권한으로 작업한다. 프로그램 설치나 시스템 변경 시 표시되는 UAC(User Account Control) 경고는 반드시 검토하고 신중히 판단해야 한다.

참고문헌

개인정보보호위원회(2025.3.6). "개인정보 유출 등 사고대응 매뉴얼", https://www.data.go.kr/data/15142243/fileData.do

Cloudflare, https://www.cloudflare.com/

Google Cloud, https://cloud.google.com/

09
함께 만드는 안전한 AI 사회

향후에는 기술 변화에 발맞춘 원칙의 지속적 개정과, 실질적인 이행을 위한 국제기구 간 협력 강화가 이뤄질 것으로 예상한다. 이에 따라 초국가적 AI 범죄에 대응하기 위해서는 단순한 규제 수준을 넘어선, 공동의 규범과 책임 기반의 글로벌 거버넌스 체제가 주요 논의 사항이 될 것으로 전망한다.

AI와 기자?

AI 범죄 대응을 위한 사회적 대응 전략: 집단 면역 전략

AI 범죄와 외부성의 경제학

AI 범죄의 가장 심각한 특징 중 하나는 그 피해가 개별적으로 그치지 않고, 사회 전체로 확산되는 '외부성(Externality)'을 가진다는 점이다. 경제학에서 외부성이란 어떤 사람의 경제 활동이 그 경제 활동에 참여하지 않는 제3자에게 예상치 못한 이익이나 피해를 주지만, 그에 대한 보상이나 대가가 이뤄지지 않는 현상을 뜻한다.

긍정적 외부성은 경제 활동의 결과로 다른 사람에게 이익을 주지만, 이에 대한 보상을 받지 못하는 경우를 말한다. 대표적인 예로 전염병 예방 접종이 있다. 내가 예방 주사를 맞으면 나 자신뿐 아니라 주변 사람들에게도 전염병 확산을 막는 효과가 있지만, 그로 인한 이익에 대해 보상을 받기는 어렵다.

반대로 부정적 외부성은 경제 활동이 타인에게 피해를 주지만 그 책임을 지지 않는 경우를 뜻한다. 대표적인 사례는 공장에서 발생하는 오염 물질 배출이다. 예를 들어, 공장이 비용 절감을 위해 정화 장치 없이 매연을 배출하면 인근 주민들은 공기 오염으로 건강 피해를 입지만, 공장은 그에 대한 비용을 부담하지 않는다.

물론 이러한 문제는 과거 자본주의 초기에 흔했지만, 오늘날에는 다양한 환경 관련 법과 규제로 인해 어느 정도 통제되고 있다. 그러나 탄소 배출 문제처럼 여전히 외부성이 주요 이슈로 남아 있는 영역도 존재한다.

AI 범죄의 특징: 외부성의 문제

AI 범죄에서도 외부성 문제는 심각하게 나타난다. 한 기업이나 기관의 보안 취약점이 해킹당할 경우, 그 피해는 해당 조직에 국한되지 않고, 연관된 다른 조직과 개인에게까지 연쇄적으로 확산된다. 매년 발생하는 국내 쇼핑몰 해킹 사건은 이러한 디지털 외부성의 대표적 사례다. 초기 해킹 대상이었던 쇼핑몰에서 유출된 개인정보는 곧바로 보이스 피싱, 스미싱, 신용 카드 부정 사용 등 다양한 2차, 3차 범죄에 활용되어, 수백만 명의 개인과 수천 개 기업이 피해를 입었다. 이러한 피해 확산 구조는 전염병의 확산과 유사한 외부 효과를 지닌다.

한 곳에서 발생한 보안 침해가 네트워크를 통해 빠르게 퍼지며, 연결된 모든 주체가 영향을 받는다. 특히 AI 기술이 개입될 경우, AI는 유출된 정보를 실시간으로 분석·가공해 맞춤형 피싱이나 자동화된 공격에 즉시 활용할 수 있어, 피해 확산 속도가 더욱 가속화된다.

금융 분야에서의 AI 범죄는 특히 심각한 사회적 외부성을 드러낸다. 최근 해외에서 발생한 대형 암호 화폐 거래소 해킹 사건은 단일 기관의 보안 문제가 어떻게 전 세계 금융시장에 영향을 미치는지를 잘 보여 준다(Crystalintelligence, 2025). 해킹을 통해 유출된 개인정보와 거래 데이터는 AI 분석에 활용되어, 다른 금융 기관 고객들의 투자 성향을 예측하는 데 사용되었고, 이를 바탕으로 시장 조작이 전 세계적으로 일어났다.

국내에서도 유사한 사례가 발생했다. 한 인터넷 전문은행의 보안 시스템이 AI 기반 공격에 뚫리면서 고객 정보가 유출되었고, 이 데이터는 즉시 다른 금융기관 고객을 대상으로 한 피싱 공격에 이용되었다. 범죄자들은 AI를 통해 유출된 금융 거래 데이터를 정밀 분석해 각 개인의 금융 성향과 패턴을 파악했고, 이를 바탕으로 맞춤형 금융 사기를 실행했다.

이러한 사례들은 AI 범죄가 개별 기관에만 국한되지 않고 사회 전체에 연쇄적인 피해를 유발하는 외부성의 전형적인 사례임을 보여 준다. 특히 금융처럼 고도로 연결된 시스템에서는 한 지점의 침해가 광범위한 확산 효과를 불러온다.

집단 면역과 같은 사회 보안 체계 확립

이러한 외부성 문제를 해결하기 위해서는 개별 조직의 보안 강화만으로는 충분하지 않으며, '집단 보안(Collective Security)' 또는 '사이버 집단 면역' 체계가 필요하다(염흥열, 2021). 이는 마치 전염병 예방을 위한 집단 면역처럼, 사회 전체가 일정 수준 이상의 보안을 유지할 때만이 전체 시스템이 보호될 수 있다는 개념이다.

현재 많은 기업이 비용 절감을 이유로 최소한의 보안 투자만을 하고 있지만(전자신문, 2025), 이는 결국 사회 전체의 위험을 증가시키는 결과를 낳는다. 한 기업의 부실한 보안 관리로 인한 피해가 다른 모든 기업과 개인에게 전가되는 구조이기 때문이다.

실제로 최근의 지능형 지속 위협(APT, Advanced Persistent Threat)이나 랜섬웨어 공격은 개인, 기업, 정부를 가리지 않고 타격을 가하고 있으며, 전자 메일, 웹, 앱 등 다양한 경로를 통해 침투하고 있다. 특히 제로 데이(Zero-Day) 악성 코드를 이용해 한 기업의 시스템을 침입한 뒤, 기밀 정보를 탈취하고 이를 다른 조직 공격에 재활용하는 등 피해가 연쇄적으로 확산되고 있다.

따라서 개별 조직의 보안 투자가 사회 전체에 미치는 긍정적 외부 효과를 인정하고, 이를 촉진할 수 있는 정책적 인센티브가 필요하다. 보안 투자에 대한 세제 혜택, 보안 인증 기업에 대한 우대 조치, 보안 사고 시 손해 배상 책임의 차등 적용 등을 고려할 수 있다.

특히, 한 기업에서 탐지된 악성 코드 정보를 다른 조직과 신속하게 공유하는 것은, 공격자가 동일한 수단을 반복 사용하지 못하도록 하는 효과적인 대응 전략이 될 수 있다. 이처럼 사이버 보안 분야에서도 정보 공유를 통한 집단 면역 체계를 구축한다면, AI 기반 공격의 확산을 선제적으로 차단할 수 있다. 따라서 보안 정보 공유를 원활히 하기 위한 인프라나 인센티브 도입이 필요하다.

AI 범죄 대응을 위한 국가적 협력

국가 간에 적용되는 AI 원칙 및 기준

AI 범죄는 기술의 특성상 국경을 초월해 발생하므로, 국제적인 협력 체계 구축의 필요성이 중요해지고 있다. 이에 따라 주요 국제기구와 국가들은 AI의 윤리적 개발과 안전한 활용, 그리고 악용 방지를 위한 다양한 기준과 협력 메커니즘을 마련하고 있다.

경제개발협력기구(OECD)는 2019년 5월에 세계 최초로 정부 간 「AI 원칙 권고안(OECD Principles on AI)」을 채택했다. 이 권고안은 법적 구속력은 없으나, 글로벌 AI 정책 형성의 기준점으로 작용하며, 인권과 민주주의 가치 보호를 강조한다. 핵심 원칙으로는 포용적 성장과 지속 가능성, 인간 중심적 가치와 공정성, 투명성과 설명 가능성, 안전성과 견고성, 책임성이 포함되어 있다. 특히, AI 개발 및 운영 주체가 스스로 책임을 지고 보호 장치를 마련해야 한다는 점에서 기업과 기관에 윤리적 책무를 부여하고 있다(외교부 · 한국정보통신기술협회, 2023).

지난 2023년 5월 G7 히로시마 정상회의에서는 '히로시마 AI 프로세스(Hiroshima AI Process)'가 공식 출범했다. 이 프로세스는 생성형 AI의 급속한 확산에 따른 위험성을 인식하고, AI 오남용을 방지하기 위한 국제적 협력 체계를 수립하는 데 목적을 두고 있다(외교부, 2023). 구체적으로는 딥페이크 등 악용 기술에 대응하기 위한 기술 표준과 법적 프레임워크 개발, AI 개발자 행동 규범 마련, 인권 침해 방지 및 투명성 확보 방안 등이 논의되었다. 이는 기존 OECD 원칙을 실질적인 국제 행동으로 확장한 사례로 평가받고 있다.

국가 간에 적용되는 AI 규제 법률

한편, 유럽연합(EU)은 2024년 8월에 세계 최초로 AI를 포괄적으로 규제하는 법률인 「AI 법(AI Act)」을 제정했다. 이 법은 위험 기반 접근 방식을 도입해 AI 시스템을 위험 수준에 따라 분류하고, 특히 고위험 AI에 대해서는 엄격한 규제를 적용한다. 인권 침해 가능성이 있는 AI의 사용은 명시적으로 금지되며, 범용 AI 모델에 대해서는 투명성과 책임성을 강화하는 의무가 부과된다. EU는 이와 함께 미국-EU 무역기술위원회(TTC, Trade and Technology Council), 글로벌 파트너십(GPAI, Global Partnership on AI) 등 다양한 국제 협력체와 연계해 아시아, 아메리카, 아프리카 지역과의 협력을 확대하고 있다(박강민 외, 2024). 이러한 거버넌스는 글로벌 AI 안전 표준 정립에 결정적인 영향을 미치고 있다.

위에서 본 OECD의 「권고안」, G7의 히로시마 프로세스, EU의 「AI 법」 같은 글로벌 협력 체계는 이러한 위험에 대응하기 위한 기반을 제공하고 있다. 향후에는 기술 변화에 발맞춘 원칙의 지속적 개정과, 실질적인 이행을 위한 국제기구 간 협력 강화가 이뤄질 것으로 예상한다. 이에 따라 초국가적 AI 범죄에 대응하기 위해서는 단순한 규제 수준을 넘어선, 공동의 규범과 책임 기반의 글로벌 거버넌스 체제가 주요 논의 사항이 될 것으로 전망한다.

참고문헌

박강민 외(2024.8.6). 유럽연합 인공지능법(EU AI Act)의 주요내용 및 시사점, 소프트웨어정책연구소, https://www.spri.kr/posts/view/23764?code=data_all

염흥열(2021.10.4). 사이버 집단면역, 보안정보공유로 가능하다. 디지털타임즈, https://www.dt.co.kr/article/11410879

외교부(2023.11.6). 생성형 인공지능에 관한 G7 히로시마 프로세스, https://overseas.mofa.go.kr/oecd-ko/brd/m_20806/view.do?seq=461

외교부·한국정보통신기술협회. 「OECD AI 권고안(OECD Principles on AI)」.

전자신문(2025.6.17). 예스24 '닷새간 먹통 사태' 원인은? … 기술지원 끝난 윈도 서버 OS 썼다, https://v.daum.net/v/20250617170109533

Crystalintelligence(2025.4.2). The 10 biggest crypto hacks in history, https://crystalintelligence.com/investigations/the-10-biggest-crypto-hacks-in-history/

10
미래를 준비하는 디지털 생존 전략

AI 기술의 발전과 함께 사이버 범죄도 전례 없는 수준으로 진화하고 있다. 과거 전문적인 해킹 기술이 필요했던 사이버 범죄가 이제는 클릭 몇 번으로 실행 가능한 수준까지 단순화되었다. 결과적으로 우리는 소수의 전문 해커가 아닌, 수많은 일반인이 AI 도구를 악용하는 새로운 범죄 생태계와 직면하고 있다.

AI와 미래 의사?

진화하는 AI 범죄와 새로운 위협

더 똑똑해지는 AI 범죄의 현실

AI 기술의 발전과 함께 사이버 범죄도 전례 없는 수준으로 진화하고 있다. 과거 단순한 스팸 메일이나 피싱 공격과 달리, 현재의 AI 기반 범죄는 개인 맞춤형 사기를 통해 피해자의 심리를 정교하게 조작한다. 딥페이크 기술을 활용한 음성 복제는 이미 가족이나 동료의 목소리를 완벽히 재현해 보이스 피싱의 성공률을 급격히 높이고 있다. 특히 생성형 인공지능이 개인의 소셜 미디어 활동과 온라인 행동 패턴을 분석해 맞춤형 사기 시나리오를 자동으로 생성하는 시대가 도래했다.

더욱 우려되는 것은 AI 범죄의 자동화와 확산성이다. 한번 개발된 AI 범죄 도구는 기술적 지식이 부족한 일반인도 쉽게 사용할 수 있도록 패키지화되어 다크 웹에서 거래되고 있다. 과거 전문적인 해킹 기술이 필요했던 사이버 범죄가 이제는 클릭 몇 번으로 실행 가능한 수준까지 단순화되었다. 결과적으로 우리는 소수의 전문 해커가 아닌, 수많은 일반인이 AI 도구를 악용하는 새로운 범죄 생태계와 직면하고 있다.

기술 발전에 따른 보안 위협의 확산

새로운 기술이 등장할 때마다 그 기술을 악용하려는 시도는 필연적으로 따라온다. 최근 각광받고 있는 메타버스와 가상현실(VR) 기술도 예외가 아니다. 가상공간에서의 개인정보 수집, 아바타 해킹, 가상 자산 탈취 등 전혀 새로운 형태의 범죄가 출현하고 있다. 양자 컴퓨팅 기술의 발전도 기존 암호화 체계에 근본적인 위협이 되고 있으며, 현재 널리 사용되는 RSA 암호화는 양자 컴퓨터가 실용화되면 몇 분 만에 해독될 수 있다.

IoT(사물인터넷) 기기의 급속한 확산도 새로운 보안 취약점을 만들어 내고 있다. 스마트 홈 기기, 자율주행차, 웨어러블 기기 등은 편리함을 제공하지만 동시에 해킹의 새로운 통로가 되고 있다. 이러한 기기들은 대부분 기본적인 보안 설정도 갖추지 않은 채 출시되는 경우가 많아, 해커들이 쉽게 침입할 수 있는 디지털 뒷문 역할을 한다. 한번 IoT 기기가 해킹되면 이를 발판으로 가정이나 기업의 전체 네트워크에 침입할 수 있어, 작은 보안 허점이 큰 피해로 이어질 수 있다.

전통적 방어에서 능동적 대응으로의 패러다임 전환

과거의 보안 전략이 '예방' 중심이었다면, AI 시대에는

'회복력(Resilience)' 중심으로 패러다임이 바뀌어야 한다. 아무리 강력한 방어벽을 구축해도 AI 기반 공격의 진화 속도를 따라잡기는 어렵다. 대신 공격을 받았을 때 빠르게 감지하고, 피해를 최소화하며, 신속하게 복구하는 능력이 더욱 중요해지고 있다. 디지털 회복력을 갖추기 위해서는 사고 발생을 전제로 한 대응 계획이 필요하며, 특히 AI 기반 공격은 기존보다 훨씬 빠른 속도로 확산되므로 골든 타임을 놓치지 않는 신속한 초기 대응이 피해 규모를 좌우한다.

능동적 보안 문화의 정착도 중요한 변화 요소다. 보안을 IT 부서만의 책임으로 여기던 과거와 달리, 모든 구성원이 보안의 최전선에 있다는 인식이 필요하다. 직원 한 명이 받은 피싱 메일이 전체 조직을 마비시킬 수 있는 시대이기 때문이다. 따라서 정기적인 보안 훈련, 모의 해킹 체험, 보안 인식 제고 캠페인 등을 통해 모든 구성원의 보안 역량을 높여야 한다. 또한 보안 사고 신고를 처벌이 아닌 학습의 기회로 여기는 문화적 전환도 필요하다.

디지털 회복력 구축과 지속 가능한 보안 전략

개인 차원의 디지털 회복력 강화 방안

개인의 디지털 회복력은 단순한 기술적 대응을 넘어 생활 습관의 변화에서 시작된다. 가장 기본적이면서도 효과적인 방법은 '디지털 자산의 분산화'다. 모든 계정에 동일한 비밀번호를 사용하거나, 하나의 이메일로 모든 서비스에 가입하는 것은 한 번의 공격으로 모든 것을 잃을 수 있는 위험한 행동이다. 대신 중요도에 따라 계정을 분류하고, 각각 다른 비밀번호와 인증 방식을 사용해야 한다. 금융 관련 계정은 별도의 이메일과 강력한 2단계 인증을 적용하고, 일상적인 쇼핑몰이나 커뮤니티 계정과는 명확히 분리하는 것이 필요하다.

정기적인 '디지털 건강 검진'과 함께 개인정보 유출에 대비한 '디지털 유언장' 작성도 고려해 볼 만하다. 월 1회 정도 모든 온라인 계정의 로그인 기록을 확인하고, 의심스러운 접속이 있는지 점검해야 한다. 또한 중요한 계정의 복구 정보, 비상 연락처, 금융 기관 정보 등을 안전한 곳에 정리해 두어 사고 발생 시 신속한 대응이 가능하도록 준비하는 것이다. 가족이나 신뢰할 수 있는 사람과 보안 지식을 공유해 집단적 방어력을 높이는 것도 중요하다.

조직 차원의 통합적 보안 거버넌스

조직의 디지털 회복력은 기술적 설루션과 인적 자원 관리가 조화를 이뤄야 달성할 수 있다. 무엇보다 최소 권한 원칙(Principle of Least Privilege)의 철저한 적용이 필요하다(박강민 외, 2024). 각 직원과 시스템이 업무 수행에 필요한 최소한의 권한만을 갖도록 해, 한 곳이 뚫려도 전체 시스템이 마비되지 않도록 방어선을 구축해야 한다. 특히 AI 시스템이 대규모 데이터에 접근하는 환경에서는 역할 기반 접근 제어(RBAC, Role-Based Access Control)를 통해 부서별, 직급별로 차등적인 접근 권한을 부여하는 것이 중요하다.

실시간 모니터링과 이상 행위 탐지 시스템의 구축도 필수적이다. AI 기반 공격은 기존보다 훨씬 빠른 속도로 진행되므로, 인간이 감지하기 어려운 미세한 변화까지 포착할 수 있는 자동화된 감시 체계가 필요하다. 사용자 행동 분석(UBA, User Behavior Analytics) 시스템을 도입해 평상시와 다른 접근 패턴을 자동으로 탐지하고, AI 모델의 성능 변화나 비정상적인 결과 출력도 지속적으로 모니터링해야 한다. 또한 외부 업체와의 협력 시에는 보안 수준을 정기적으로 평가하고, 계약 종료 시 모든 데이터의 완전 삭제를 확인하는 체계적인 관리가 필요하다.

미래 기술 위협에 대한 선제적 대응 전략

양자 컴퓨팅과 차세대 AI 기술의 등장에 대비한 선제적 준비가 필요하다. 현재의 암호화 기술이 양자컴퓨터에 의해 무력화될 가능성에 대비해 양자 내성 암호화 기술의 도입을 서둘러야 한다. 또한 생성형 AI의 발전으로 딥페이크 기술이 더욱 정교해질 것에 대비해 콘텐츠 검증 시스템과 워터마킹 기술을 강화해야 한다. 특히 메타버스와 확장현실(XR) 환경에서의 새로운 범죄 유형에 대한 법적, 기술적 대응 체계를 미리 준비하는 것이 중요하다.

개인정보 보호에 대한 사회적 인식의 근본적 전환도 필요하다. AI 시대에는 개인정보가 단순한 개인 소유물이 아니라 사회적 자산의 성격을 갖는다는 점을 인식해야 한다. 한 사람의 정보 유출이 연결된 다른 사람들에게도 피해를 줄 수 있기 때문이다. 유럽연합의 「일반 데이터 보호 규정(GDPR, General Data Protection Regulation)」 사례에서 보듯이, 강력한 법적 규제와 처벌이 뒷받침될 때 기업과 개인의 보안 의식이 실질적으로 변화할 수 있다. 미래의 보안 위협에 대비하기 위해서는 국제적 협력도 강화해야 하며, OECD의 「AI 원칙」, G7의 히로시마 프로세스 등과 같은 국제적 규범과 협력 체계를 더욱 발전시켜야 한다.

결론

AI 기술은 범죄의 양상을 근본적으로 바꾸고 있다. 과거 수작업 중심의 사기 수법은 이제 AI를 통해 자동화되고, 딥페이크 영상 통화 사기, 음성 합성 보이스 피싱, 맞춤형 피싱 메시지처럼 정교하면서도 대규모 피해를 유발하는 방식으로 진화하고 있다. 이는 단순한 기술 발전이 아니라, 범죄 실행의 패러다임 전환을 의미한다.

여기서는 '범죄경제학'의 시각으로 AI 범죄를 다루었다. 살펴본 결과, AI는 범죄의 실행 비용을 줄이고, 수익을 은닉하기 쉬우며, 검거 가능성까지 낮춰 '완벽한 범죄 도구'로 작동한다. 이러한 구조적 변화는 기존 법과 제도가 감당하기 어려운 새로운 위협을 만들어 내고 있다.

AI, 암호 화폐, 비대면 기술이 융합되면서 범죄의 양상은 더욱 교묘하고 복잡해졌다. 암호 화폐는 자금 세탁과 추적 회피 수단으로 활용되고, 비대면 환경은 해커들이 물리적 접촉 없이도 언제든 누구든 공격할 수 있는 무한한 표적을 제공한다. AI는 여기에 지능적 자동화를 더해 공격의 속도와 범위를 극대화한다. 이처럼 기술 융합은 단순한 도구의 결합이 아니라, 기존 보안 체계로는 감당할 수 없는 새로운 위협 생태계를 만든다. 더욱이 이러한 공격은 단일 조직이나 개인에 그치지 않고, 연쇄적 피해를 유발하며 사회 전체로 확산되는 외부성의 특징을 띤다.

따라서 이 문제는 더 이상 특정 기관이나 전문가의 몫으로만 둘 수 없다. 전염병에 집단 면역이 필요하듯, 사이버 공간에서도 일정 수준 이상의 보안을 사회 전체가 공유해야 하는 '사이버 집단 면역' 체계가 필요하다. 이를 위해서는 정보 공유, 공동 대응 메커니즘, 보안 인센티브 시스템이 결합된 새로운 사회적 연대가 필수적이다. 개인과 조직은 다층 방어 체계를 마련하고, 사고 발생 시 신속한 복구를 가능케 하는 회복력 중심의 전략으로 전환해야 한다. 동시에 정부와 국제 사회는 국경을 초월하는 AI 범죄의 특성에 대응할 수 있도록 협력 체계를 강화하고, 기술 변화에 발맞춘 규범 정비를 지속해야 한다.

궁극적으로 이 책이 강조하는 핵심은 AI 범죄를 단순

한 기술 문제가 아니라, 경제적 유인 구조의 변화로 이해해야 한다는 점이다. 범죄자는 AI를 통해 비용을 줄이고, 위험을 회피하며, 수익을 극대화한다. 이러한 경제적 계산법을 이해하지 못하면 효과적인 대응 전략도 세울 수 없다. 결국 우리 사회가 기술적 대응을 넘어선 사회적 신뢰 체계를 재구축하고, 시민 개개인의 디지털 리터러시를 높여야 하는 이유도 여기에 있다. 이제는 '보는 것을 믿을 수 없는 시대'에 맞는 새로운 생존 전략이 필요하다.

참고문헌

박강민 외(2024.8.6). 유럽연합 인공지능법(EU AI Act)의 주요내용 및 시사점, 소프트웨어정책연구소, https://www.spri.kr/posts/view/23764?code=data_all

안상선

한국농촌경제연구원, 한국전기안전공사, 매일경제신문을 거쳐 현재 매일경제 사외벤처 (주)M-Robo를 창업해 대표로 재직 중이다. 국민일보에 로봇기자(스톡봇)을 서비스했으며, 한국인터넷진흥원, 한국언론진흥재단, 한국방송통신전파진흥원 등에서 다수의 프로젝트를 진행했다. 2019년 자체 AI 뉴스 신문인 《Money-Robo》를 발행해 인터넷 신문 발행인으로 등록했다. M-Robo 대표 재직 중 아시아오픈 데이터해커톤 우승, 데이터 창업 분야 공로로 행정안전부 장관상을 2회 수상했다. 인공지능 및 블록체인 분야에 대한 5개 특허를 발명하고 등록했다. 동국대학교에서 경제학 박사 학위를 받았다. 여러 대학교 및 기관에서 데이터와 AI 관련 과목을 강의하고 있다.